ANGO,

DRAME EN CINQ ACTES,

Six Tableaux,

AVEC

UN ÉPILOGUE;

PAR

AUGUSTE LUCHET ET FÉLIX PYAT.

REPRÉSENTÉ POUR LA PREMIÈRE FOIS SUR LE THÉATRE DE L'AMBIGU-COMIQUE, LE 29 JUIN 1835.

PARIS,

AMBROISE DUPONT, LIBRAIRE,

7, RUE VIVIENNE.

1835.

N. B. Les *italiques* dans le dialogue indiquent les phrases supprimées par la censure à la première représentation. Plusieurs d'entre elles ont été rétablies aux représentations suivantes, et pourtant la monarchie n'est pas tombée.

IMPRIMERIE DE MADAME POUSSIN, RUE MIGNON, 2.

ANGO,

DRAME EN CINQ ACTES,

Six Tableaux,

AVEC

UN ÉPILOGUE;

PAR

AUGUSTE LUCHET ET FÉLIX PYAT.

REPRÉSENTÉ POUR LA PREMIÈRE FOIS SUR LE THÉATRE DE L'AMBIGU-COMIQUE, LE 29 JUIN 1835.

PARIS,
AMBROISE DUPONT, LIBRAIRE,
7, RUE VIVIENNE.

1835.

EXPLICATION.

Deux principes se disputent aujourd'hui le champ littéraire : l'un, qui représente exclusivement la forme et porte écrit sur sa bannière : *Art pour art ;* l'autre, qui, sans exclure la forme, préconise le fond et veut que l'art soit *utile* avant tout.

Partisans de ce dernier principe, nous n'avons pas, dans cet ouvrage, cherché à faire de la *couleur locale*, comme on disait en 1827 ; nous n'avons pas intitulé ce drame, drame historique, comme c'était l'habitude au temps que le romantisme pur florissait. Nous avons laissé le soin de la *couleur locale* aux décorateurs, nous avons abandonné l'*historique* aux costumiers, qui tous, costumiers et décorateurs, s'en sont acquittés comme des poètes romantiques, à merveille. Ce que nous avons voulu, c'est aider de toutes nos forces la réaction du fond sur la forme, de ce pauvre fond si impitoyablement immolé à la couleur par la littérature égoïste et sans foi de la restauration. Grâce au ciel et à une jeunesse fervente, cette réaction s'opère miraculeusement de jour en jour. Hommes avant d'être artistes, nous avons voulu d'abord avoir une opinion, bonne ou mauvaise, mais enfin en avoir une et plaider pour elle par la forme dramatique, qui est la plus saisissante. Nous avons voulu enfin *renouer la chaîne des œuvres révolutionnaires*, selon la belle expression d'Hippolyte Fortoul, critique grave et profond, bien que jeune, dont nous pourrions citer l'approbation avec orgueil.

Oui, nous sommes révolutionnaires, parce que la révolution est la loi de nature; parce que l'humanité étant perfectible à l'infini, il faut toujours qu'une nouvelle idée en combatte une vieille; parce qu'il y aura toujours des préjugés à détruire, des mœurs à corriger, des abus à flétrir; parce qu'il y a des hommes qui croient encore à cette heure, à l'infaillible perfection des rois; à la vaillance surhumaine de François Ier, par exemple, à l'amour des lettres, de ce roi qui mit au feu Dolet l'imprimeur; au bon cœur d'Henri IV qui laissa mourir de faim six de ses enfans naturels; à la grandeur de Louis XIV qui bâtonnait un laquais pour un biscuit volé, et qui faisait massacrer les protestans pour obtenir l'absolution du père Lachaise et le sourire de la veuve Scarron.

Pour le moment, il s'agit de François 1er, que nous avons décoiffé de son auréole historiographique. Nous avons attaqué la royauté dans la personne royale la plus brillante et la plus aimable, au dire des critiques subventionnés, et il paraît que nous avons touché juste; car, à la manière dont le monstre a hurlé par la gueule de ses journaux, il fallait qu'il se fût senti blessé au vif; il fallait que nous l'eussions frappé, à coup sûr, bien près de la mamelle gauche. La calomnie n'est qu'une balle morte qui contusionne et n'entame pas, mais la vérité entre et tue; or nous renvoyons les lecteurs à Bayle, qui leur démontrera victorieusement que François Ier, le héros de Marignan, nous ne disons point de Pavie, que le géant des batailles a été lâche au moins une fois en sa vie; nous les renvoyons à nos pièces justificatives qui font voir, clair comme le jour, que le roi chevalier fut le chef de l'inquisition en France. Nous les renvoyons au témoignage de J. J., qui prouve contre son feuilleton, le maladroit, que le restaurateur des lettres fit brûler Dolet l'imprimeur, Dolet que d'aucuns prétendent même avoir été fils du roi.

C'est avec l'histoire, non celle des historiographes royaux ou celle des feuilletons ministériels, qui semble la même, mais l'histoire libre de Bayle, Rœderer, Sismondi, et même Mézeray, que nous avons conçu notre œuvre, que nous avons posé la royauté insouciante, débauchée, spirituelle, mais vile et couarde même dans François Ier, et le peuple au contraire emprisonné, jugé, déshonoré, mais énergique et grand dans la personne d'Ango. Ce sont deux symboles si vous voulez, deux personnifications, suivant le mot récent des philosophes. En mettant ainsi aux prises le matelot et le roi, nous montrons qu'un roi, même le plus brave dans les batailles, n'est pas plus qu'un autre homme au-dessus de la crainte et surtout du remords, et qu'il doit trembler quand il n'a plus pour lui la conscience. Nous montrons au peuple qu'avec son droit et sa force, il peut lutter avantageusement contre un roi et même contre tous à l'occasion. Ango seul en met deux à la raison. Mari et matelot, il a deux haines, parce qu'il a deux amours, sa femme et sa flotte. Pour sa flotte violée, il fait tomber un roi, Jean de Portugal, sur les genoux de son ambassadeur. C'est de l'histoire. Pour sa femme, il fait toucher du dos la terre au roi de France en personne. Entre le roi et le peuple, nous représentons l'aristocratie qui n'ose se compromettre elle-même dans la lutte, le comte de Furstemberg, qui pousse prudemment Ango sur François Ier; puis le peintre Léonard de Vinci, l'artiste dégagé des vils intérêts de ce monde, ayant ici-bas une mission de paix et d'amour, et cherchant à réconcilier par la passion ce que la violence et la ruse ont désuni; puis, sur le dernier plan, en opposition au mauvais génie d'Ango, au noble et riche Furstemberg, le bon, le fidèle Gallies, le simple matelot, qui n'a d'autre maison que la maison de son maître, d'autre volonté que la volonté de son maître, pauvre et aimant comme un chien; enfin les marchands, niais égoïstes et lâches envieux, qui égarent le peuple avec des semblans de liberté, et l'ameutent contre Ango, absent, en disant qu'il veut la tyrannie de Dieppe.

Voilà quelle a été notre œuvre, et maintenant qu'on ne vienne plus nous crier au scandale, nous reprocher l'allusion. Le scandale est venu des autres et non de nous. L'allusion s'est trouvée faite par la logique même d'événemens, que nous ne pouvions ni préparer, ni prévoir quand nous écrivions notre drame.

En effet, il y a bientôt un an que ce drame est fini ; il y a plus de huit mois que Bocage, quittant le théâtre de la Porte-Saint-Martin, a lu ce drame aux directeurs du Cirque, et depuis, pas un mot n'y a été changé, pas une virgule ajoutée. Nous pourrions en attester le comité de lecture qui l'a entendu et reçu la première fois. Ainsi, nous n'avons pu, comme on nous en a témérairement prêté l'intention, parodier le procès de la cour des pairs, puisque ce procès n'était pas alors. Non, ce n'est pas nous qui avons copié MM. les pairs, et si MM. les pairs n'étaient pas si originaux, nous dirions qu'ils ont eu connaissance de notre manuscrit quelque part, et qu'ils ont été les plagiaires. Hélas! la vérité est que les hommes se ressemblent dans tous les temps ; et, qu'avec les mêmes passions, placés dans les mêmes circonstances, ils arrivent toujours aux mêmes résultats. Le pouvoir abuse toujours des mêmes moyens, et commet toujours les mêmes énormités contre l'opposition, qu'elle s'appelle protestante ou républicaine. C'est là tout le secret de cette ressemblance, que la censure, et après elle le feuilleton ministériel, a trouvée scandaleusement affectée entre l'inquisition du seizième siècle et la moderne cour des pairs. La censure, cette vaincue de juillet, qui se relève, comme tout ce que 1830 n'a fait qu'abattre sans tuer, la censure, représentée maintenant par un seul homme, s'est mise, malgré la volonté des auteurs, ce qui n'est rien contre elle, malgré l'article 7 de la *Charte*, ce qui n'est pas beaucoup plus, à mutiler de son mieux en une heure ou deux, le jour même de la représentation, au moment de lever le rideau, une œuvre péniblement faite en plusieurs mois, par deux hommes de conscience et de labeur. La censure perfectionnée a fait la guerre aux mots, puis aux gestes, même au silence. Non contente d'enlever ce qui était, elle a voulu ajouter ce qui n'était pas. Elle a presque exigé, par exemple, dans l'acte du tribunal, qu'Ango répondît tout d'abord à l'interrogatoire des juges, sous prétexte que son silence était une allusion au mutisme de certains prévenus d'avril. Le directeur du théâtre a eu toutes les peines du monde à lui prouver qu'il n'existait pas la moindre analogie entre Ango de Dieppe et Beaune de Lyon. Battue sur le silence, elle passa au geste, et défendit absolument qu'Ango mît le pied sur le cœur du roi. Le spirituel directeur promit de n'y faire mettre que la main. Enfin elle arriva aux mots... Oh! alors, ce fut une inquisition inouie, incroyable. La virgule fut soupçonnée, le point d'exclamation empoigné. Figurez-vous que la censure a arrêté sur notre manuscrit ces deux expressions : *grand complot!* Ainsi désormais le mot complot est rayé de la langue, chassé du dictionnaire à perpétuité, condamné à la déportation du théâtre, à la mort dramatique, pour avoir trop servi à M. Martin, du Nord, dans son réquisitoire. L'adjectif *grand*, très inoffensif et très peu turbulent adjectif, éprouve le même sort que son substantif révolutionnaire! Ce que c'est que les liaisons... Dis-moi qui tu hantes, et je te dirai qui tu es!... Pauvre mot *grand*, te voilà sur le pavé du Lexique, sans ressource, sans place, comme un valet mis à la porte... Que n'entres-tu au service de Louis-Philippe? que ne vas-tu accoler le nom du roi citoyen? Louis-Philippe-le-Grand!... M. Cavé te graciera.

Et à entendre la censure, c'était sans passion, sans colère contre l'ouvrage qu'elle le mutilait ainsi. C'était tout bonnement dans l'intérêt de ces pauvres vieux pairs de France, qu'il eût été mal au gouvernement de laisser insulter, tandis qu'ils se donnaient tant de peine à le servir. Aussi, tout ce qui pouvait allusionner non seulement le procès, mais encore les juges, fut religieusement retranché. L'expression *momies de juges* fut supprimée d'abord, à cause de la proverbiale caducité des pairs. La toux, dont un acteur spirituel, Constant, avait assaisonné son discours de lieutenant-criminel, fut déclarée révolutionnaire et attentatoire à la santé des sénateurs. Le verre d'eau qu'il buvait fut supprimé comme incendiaire...

Or, après avoir fait si fidèlement son métier, la censure dut être bien malheureuse de se trouver dépassée en indignation et en inquisition par le feuilleton ministériel! J. J. a vaincu M. Cavé, et pourtant M. Cavé le censeur était notre ennemi naturel, et M. J. J. l'auteur était notre ancien ami. Chacun, après la lecture du feuilleton des

Débats, se demandait donc comment il se faisait que J. J. nous eût attaqués plus ardemment qu'un ennemi. Et nous répondions : Que voulez-vous? outre que le feuilleton n'a pas d'amis, selon la louable expression de l'homme, J. J. n'a plus sa haute et primitive indépendance. Depuis quelque temps il baisse, la transfusion du talent ne l'a pas sauvé. Il a eu beau mettre de l'encre d'autrui dans sa plume, il est tombé, il le sent, et il est obligé, pour se tenir, de sacrifier ses amitiés littéraires aux exigences politiques, et ses sympathies personnelles à sa position de plus en plus ardue dans le journal monarchique. Il est obligé, à contre-cœur sans doute, de faire sa cour au parti de son journal... lui qui pouvait se passer d'opinion et de parti jadis, quand il avait du talent. Ah! il faut lui pardonner et le plaindre. Ce qu'il en a fait, c'est pour garder sa prébende. Que M. Bertin et Dieu la lui conservent! Au fond, il est bon, et l'on sait qu'il nous aime : il nous disait encore, la veille même de la représentation d'Ango : « Voici une occasion de reconnaître enfin les services que vous m'avez rendus! Toi, Félix Pyat, je te remercierai des deux cents pages que tu m'as gratuitement écrites dans mon Barnave; toi, Auguste Luchet, des douzaines d'articles que tu as rédigés dans tous les journaux de Paris, pour tous mes livres. Je suis à vous, je vous appartiens à vous deux. Venez corriger, dimanche soir, les épreuves de mon feuilleton du lundi, je vous l'abandonne!... » Voilà ce qu'il disait. Plaignez-le donc, s'il n'a pas été libre de tenir parole. Il en a dû coûter à son cœur de ne pouvoir servir ses amis, de ne se montrer ni généreux, ni même reconnaissant. Nous savons que d'autres, ses ennemis, le calomnient et soutiennent que le feuilleton a été prémédité à tête reposée, et exécuté à main libre; que l'homme qui a fait faire les vers de Mirabeau par Barbier, ne nous a tant reproché notre mauvaise chanson à nous, et ne nous a si vertement tancés sur tout notre drame, que parce qu'il vise à la place de ce bon M. Cavé. Gare à vous, monsieur Cavé! car, disent toujours ses ennemis, le critique qui a fait son chemin sur un âne mort, pourrait bien débrider enfin à la direction des Beaux-Arts. Tout en flagellant les auteurs, n'a-t-il pas trouvé moyen de signer une flatterie au ministre, à M. Thiers lui-même, qu'il attaquait tout récemment dans *l'Artiste*, là où il ne signe pas!... Ce sont toujours ses ennemis qui parlent. Ils vont plus loin encore, jusqu'à l'absurde, jusqu'à dire qu'il a visé, dans ce feuilleton, à la croix d'honneur. La croix d'honneur donnée, au nom de Louis-Philippe, à l'homme qui a fait écrire et signé de son nom la préface de Barnave!.. Et puis la croix d'honneur et J. J., quel paradoxe! c'est ridicule et fou comme la colonne Vendôme et le drapeau blanc. Voilà ce que disent ses ennemis. Et nous, qui ne pouvons oublier une ancienne connaissance, nous leur répondons toujours qu'ils se trompent; que J. J. n'a été ni égoïste, ni intéressé dans cette affaire; qu'il a montré le plus d'indépendance qu'il a pu; qu'il a même parlé d'*honneur national* et de *Waterloo* dans le journal des hommes de Gand; qu'il a eu consciencieusement *peur*, comme il dit lui-même, de l'esprit révolutionnaire de la pièce; trop peur sans doute, pour ses possessions territoriales de St.-Etienne, qui tiendraient, certes, dans les neuf colonnes de son feuilleton.

Oh! s'il nous avait réellement attaqués, nous l'aurions bien senti là, au cœur, et nous nous serions vengés; car nous avons bec et ongles pour nous défendre, car nous ne vivons plus dans un temps de soumission, mais en des jours de révolte contre tout pouvoir absolu, même contre la royauté du feuilleton; car, c'est déjà trop que la critique ait impunément tué jeunes et vieux, Escousse et Gros, pour que nous la respections quand elle est arbitraire et malveillante, surtout quand elle n'a pas l'indignation des âmes honnêtes, mais la colère soudoyée, mais l'aboiement du dogue lancé par le maître sur le libre passant. Non, non; d'ailleurs, s'il nous avait sérieusement attaqués, nous serions morts, et Ango ne va pas mal. Il est vrai que, par une étrange bizarrerie, ceux que J. J. tue, deviennent centenaires à la longue, et ceux qu'il vivifie ne se relèvent pas de l'immortalité qu'il leur donne. Ses éloges sont des apothéoses. On ne parle plus de Deburau depuis que J. J. en a parlé. Monsieur Thiers, monsieur Thiers, défiez-vous des restes de Deburau!

Maintenant, un dernier mot sur l'art. Après tant d'innovations tentées pour agrandir le théâtre, il restait à essayer le drame public mêlé au drame privé, la politique à la famille, la rue à l'alcove. Nous l'avons essayé, et nous avons réussi sur un théâtre populaire, grâce aux habiles directeurs qui ont courageusement accepté notre ouvrage, et qui n'ont rien épargné pour en assurer la réussite; grâce à tous les intelligens acteurs de ce théâtre, à Montigny, Saint-Firmin et Guyon, qui seraient si bien placés au Théâtre-Français, et que nous louons et que nous remercions tous ici; grâce surtout à Bocage qui a nos convictions et qui est notre ami, qui honore autant qu'il illustre le métier de comédien, que nous ne saurions mieux louer et mieux remercier qu'en empruntant son éloge à un journal de haut crédit littéraire. « Bocage, dit *la Revue de Paris*, a mérité et obtenu « le plus grand succès. Le rôle d'Ango est à sa taille, « brusque, fort, trivial et noble. Toutes les variétés « du talent de Bocage se montrent dans ces nuances « qu'il a étudiées et rendues avec bonheur. Bourgeois rude et confiant au premier acte, il devient « bientôt l'armateur dieppois riche et respecté, « puis le mari tendre et désolé, puis l'homme qui « ressent et venge un outrage... On peut dire que « peu d'acteurs eussent été de force à lutter contre « la difficulté d'un pareil rôle. »

C'est avec effroi que nous livrons à la lecture cette pièce qui n'aura plus comme au théâtre l'étai du grand acteur.

A Bocage notre succès !

ANGO,

DRAME EN CINQ ACTES, SIX TABLEAUX,

AVEC UN ÉPILOGUE.

PERSONNAGES.		ACTEURS.
ANGO.	MM.	BOCAGE.
FRANÇOIS Ier.		SAINT-FIRMIN.
FURSTEMBERG.		MONTIGNY.
LÉONARD DE VINCI.		THÉNARD.
GALLIES		GUYON.
MORIN		CONSTANT.
MOUCHY		COSTE.
CLÉMENT MAROT.		FRANCISQUE Jeune.
JÉHAN CALVIN		PROSPER.
ÉTIENNE DOLET		BARBIER.
AMBROISE PARÉ.		SALVADOR.
AMBASSADEUR DE PORTUGAL . .		ÉMILE.
LE LIEUTENANT DE L'AMIRAUTÉ.		ÉDOUARD.
CABARETIER.		GILBERT.
PREMIER MATELOT		ALFRED.
DEUXIÈME MATELOT.		LÉON.
OFFICIER DU SAINT-OFFICE. . .		FLEURY.
HÉRAUT D'ARMES.		SAILLARD.
UN NOTABLE.		LÉOPOLD.
UN HUISSIER.		COUTEAU.
PREMIER OUVRIER.		L. D'HARCOURT.
DEUXIÈME OUVRIER.		D'HAUSSY.
PREMIER COMMIS.		VAGEL.
DEUXIÈME COMMIS		CHAUVIN.
FRÉDERIC.	Mlles	ESTHER.
UN MOUSSE.		MARIA.
MARIE		THÉODORINE.

DANSE.

M. ALEXANDRE. Madame FELLY.

Un Crieur, Matelots, Hommes du peuple, Armateurs, Echevins, Inquisiteurs, Hérauts d'armes, Seigneurs, Domestiques, Gardes.

ACTE PREMIER.

LE CRIEUR, avant le lever du rideau.

Parisiens, voilà ce qui vient de paraître! C'est la nouvelle ordonnance du roi, sur la bulle du pape. Voilà ce qui vient de paraître!

PREMIER TABLEAU.

Le théâtre représente une salle de l'hôtellerie des Trois-Couronnes, à Paris. On voit sur les murs des ordonnances affichées, en tête desquelles on lit : *Défense de faire gras les vendredis et samedis.* Un crucifix au fond sur la porte.

SCÈNE PREMIÈRE.

LE CRIEUR, dans le lointain.

Voilà ce qui vient de paraître!...

CLÉMENT MAROT, ETIENNE DOLET, JÉHAN CALVIN, AMBROISE PARÉ, et quelques autres PROTESTANS s'asseyent autour d'une table. — A une autre, FURSTEMBERG, assis; LE CABARETIER, debout.

FURSTEMBERG, au cabaretier.

Je ne sais pas ce que le roi donnerait et ce que le pape

ne donnerait pas pour que les plats de votre cuisine fussent tous empoisonnés aujourd'hui.

LE CABARETIER.

Que dites-vous ?

FURSTEMBERG.

Toute cette société si noire qui occupe la table du fond, est une vraie réunion infernale, mon cher hôte; une compagnie d'hérétiques, une bande d'ennemis de la religion et de la royauté.

LE CABARETIER, se signant.

Jésus, mon Sauveur !

FURSTEMBERG.

Le plus grand d'entre eux, c'est Dolet, l'imprimeur : à côté de lui, le docteur Calvin; le plus gros et le plus jovial, Clément Marot; au bout de la table, Ambroise Paré, le médecin.... Je ne sais pas le nom des autres, mais j'ai dit là les quatre plus mauvaises têtes de la chrétienté.

LE CABARETIER.

Je ferai brûler la table qui leur aura servi....

FURSTEMBERG.

A propos, il ne serait pas venu ici ce matin un homme, bizarre de mise, portant des cheveux presque aussi longs que du temps de Louis XII, et ayant sous le bras une femme qui est belle?

LE CABARETIER.

Je n'ai pas encore vu cet homme ici.

DOLET.

Commençons par rédiger une supplique contre les nouvelles ordonnances. L'hôte, du papier et de l'encre!

LE CABARETIER, à Furstemberg.

Il paraît que ça ne boit que de l'encre, et que ça ne mange

que du papier, les hérétiques. Voyez aussi comme ils sont tous maigres!

MAROT, *à l'hôte.*

Et du vin aussi!

LE CRIEUR, *plus loin encore.*

Voilà ce qui vient de paraître!

AMBROISE PARÉ, *vivement.*

Sous quel pape et quel roi vivons-nous! Défendre de faire gras le vendredi et le samedi, à peine d'être brûlé ou pendu!

MAROT.

Il faut bien que le poisson des étangs royaux se vende.

DOLET.

Faire briser mes presses, parce que j'ai imprimé la Bible en français!

MAROT.

Et moi qui ne peux plus être imprimé, ni en français, ni en latin, depuis la défense d'imprimer aucune espèce de livre dans le royaume. Soyez donc poète après cela!

(L'hôte rentre avec du papier, de l'encre et du vin.)

DOLET.

Et dire qu'un roi qui fait des vers a signé cette ordonnance contre l'imprimerie!

MAROT.

Pour ce qui est de ces vers-là, l'ordonnance est convenable. Je me soucie des vers de roi, comme du vin d'Argenteuil. *(On rit.)*

FURSTEMBERG, *à l'hôte.*

Les entendez-vous blasphémer?

LE CABARETIER.

Je me bouche les oreilles de peur de pécher, rien qu'en entendant leurs discours.

CALVIN.

Ils ne veulent pas tout bonnement que le peuple s'instruise et comprenne. Moi, le pape m'a interdit aussi, parce que je ne veux pas dire la messe en latin.

MAROT.

Il paraît que le bon Dieu ne sait pas le français.

CALVIN.

Qu'importe la langue, quand le cœur prie? On peut prier Dieu en français, en grec, en chinois même, pourvu qu'on le prie.

MAROT.

Comme on peut faire gras tous les jours, pourvu qu'on n'ait pas d'indigestion, n'est-ce pas, docteur?

AMBROISE PARÉ.

Hippocrate permet la viande toute la semaine.

MAROT.

Et en fait de nourriture, Hippocrate s'y connaît mieux que le pape et le roi. Mais depuis que notre saint-père Léon X s'est avisé du commerce des indulgences, il a prescrit, sous peine de péché mortel, l'observation rigoureuse du vendredi et du samedi. Ventre-dieu! le calcul est bon; plus il y aura de péchés commis les jours de jeûne, plus on aura besoin d'indulgences, et plus le pape en vendra.

(Après avoir versé à boire à tous, excepté Calvin, il boit.)

CALVIN.

Songeons donc moins à vider les cruches qu'à rédiger notre supplique.

MAROT.

Pardon, mon père, je vous avais oublié.

(Il verse à boire à Calvin.)

CALVIN.

Le fruit de Bacchus gâte les meilleurs esprits, maître Clément. (Il boit et fait la grimace.) Voyez-vous, le vin est l'opium de l'âme ; tantôt il l'engourdit et l'endort dans une mortelle apathie, tantôt il la stimule et la transporte jusqu'au délire. (Il boit encore avec grimace.)

MAROT.

Je pense comme vous, mon révérend.

(Il lui verse à boire.)

CALVIN.

Modérez-vous donc ! car après la libation, l'homme est capable des plus grandes folies.

(Il approche la bouteille de son verre.)

FURSTEMBERG, à part.

Il me semble que le prédicateur agit autrement qu'il ne parle.

CLÉMENT.

Le vin me ferait affronter la mort.

(Il reprend la bouteille et verse à boire.)

CALVIN.

Vous voyez bien. Une tête de poëte surtout, c'est la poudre, le vin, c'est l'étincelle. (Il boit toujours en grimaçant.)

MAROT.

Prenez donc bien garde de vous mettre le feu dans le corps.

CALVIN.

Encore si c'était une bonne chose que le vin.... mais c'est amer... (Après avoir bu.) Pouah !

MAROT.

L'amertume est passée. C'est le sixième pouah que vous faites !

DOLET.

Et la supplique, finissons.

CALVIN.

Au lieu d'écrire des remontrances et des suppliques

que personne ne lira, il m'est avis que nous protestions en action, en faisant gras ici publiquement aujourd'hui même.

MAROT.

C'est la meilleure manière de protester.

TOUS.

Oui! oui!

MAROT.

Il me reste un dernier écu, mangeons-le. Toutes leurs ordonnances et leurs défenses me font dépérir à vue d'œil. (*Il frappe sur son gros ventre.*) L'hôte, ici, l'hôte! (*A l'hôte qui rentre et s'approche.*) Un gigot.

LE CABARETIER, *reculant.*

Plait-il?

MAROT.

Servez-nous un gigot de mouton.

LE CABARETIER.

Est-ce que vous me prenez pour un hérétique?

MAROT.

Je vous prends pour un cabaretier..... Servez-nous.

LE CABARETIER.

Est-ce que vous croyez que je veux colloquer mon âme au diable et mon corps à la potence... en vous servant de la viande un vendredi, chez moi?..... Vendredi chair ne mangeras......

MAROT.

Des scrupules!..... Je ne demande point de crédit, l'hôte..... Je paie comptant... Tiens, voilà un écu.

LE CABARETIER, *prenant l'argent.*

J'ai bien là..... un tout petit morceau..... oh! la moindre chose!..... le plus joli petit gigot de la boucherie..... tendre comme la rosée..... c'est le moment de le manger..... si on attendait à dimanche, il se gâterait. Je l'ai acheté hier, jeudi... Je ne serai pas damné, n'est-ce pas, messeigneurs, vous prenez tout le péché pour votre compte?

MAROT.

Tu ne seras pas damné, sois tranquille! Nous ne laisserons rien sur nos assiettes... Attends!..... pour ne pas scandaliser la police, couvre-nous le péché d'une bonne garniture de légumes..... Gigot caché est à moitié pardonné.

LE CABARETIER, regardant l'argent.

C'est mon compte.

MAROT, tenant sa bourse vide.

Allons, le cabaretier a aussi ses indulgences.

LE CABARETIER, serrant l'argent.

Si on les arrêtait maintenant que j'ai l'argent!... (A Furstemberg.) Ce sont d'infâmes hérétiques... ils veulent manger de la viande aujourd'hui, en face des ordonnances..... (Il montre les ordonnances affichées.)

FURSTEMBERG.

Je l'avais bien dit..... (L'hôte sort.)

SCÈNE II.

LES MÊMES, ANGO, en costume de matelot, MARIE.

ANGO, en entrant, à Marie.

Asseyons-nous là..... (Ils s'asseyent.)

(Furstemberg, en voyant entrer Ango, se lève de table.)

Holà! quelqu'un!... (A Marie.) Baisse ton voile!...

FURSTEMBERG, voyant Marie.

Ah!... qu'elle est belle!... les beaux yeux noirs!... la riche taille!... Voilà bien une femme comme il les aime!... Le mari n'a pas l'air facile... c'est bien ce qu'il me faut!... Voyons un peu...

SCÈNE III.

LES MÊMES, LE CABARETIER rentrant, un plat à la main.

ANGO.

Quelqu'un par ici !

LE CABARETIER.

Voilà, monseigneur !... (Il pose le plat à la première table.) Que Dieu vous pardonne quand vous aurez ce péché-là sur la conscience : il pèse 7 livres. (Revenant à Ango.) Que voulez-vous, monseigneur ?

ANGO.

Je ne suis pas un seigneur et je veux manger... Apporte-moi un aloyau !...

LE CABARETIER.

Un aloyau, bon Dieu !...

ANGO.

J'ai faim... dépêchez-vous.

LE CABARETIER, à part.

Tous les hérétiques de la ville se sont donné rendez-vous aujourd'hui dans ma maison. (Bas à Furstemberg.) Encore un !... (Il sort.)

FURSTEMBERG, à part.

Jolie femme... mari hérétique ! double proie, pour le roi et pour l'inquisition !... J'ai là mon plan tout tracé... oui !...

SCÈNE IV.

LES MÊMES, LE CABARETIER, un plat à la main.

ANGO.

Et à boire, maintenant !

LE CABARETIER.

Quel vin désirez-vous?

ANGO, brusquement.

Le meilleur!...

LE CABARETIER.

Mais c'est le plus cher, aussi!

ANGO.

J'ai soif... dépêchez-vous. (Il lui donne un pièce d'or.)

LE CABARETIER.

Comme il a le parler rude, l'hérétique!... (A part.) Mais son or est bon, ma foi... (A Ango.) Il n'est pas nécessaire de vous rendre, monseigneur!...

ANGO.

Non, gardez le reste.

(Le Cabaretier sort et apporte du vin quelques instans après.)

MAROT, ayant découpé le gigot.

Tiens, Dolet, voilà une tranche qui tenterait le pape.

DOLET.

A vrai dire, je ne me sens pas d'appétit... Il y a un homme là-bas qui rôde depuis une heure autour des tables, et dont la présence ici me paraît suspecte... Il ne mange pas, d'abord, et puis, tenez, voyez-le! il a les yeux braqués sur le plat de ses voisins! Parlons plus bas!

MAROT.

Bah!... quelque pauvre diable de poète, que l'ordonnance aura réduit à ne pouvoir faire gras que des yeux.

DOLET.

Un espion, plutôt. Quelque agent du président Mouchy..... un mouchard...

MAROT.

Un mouchard!... Le mot est bon... il restera. (On rit.)

DOLET.

Tenez, frères, nous sentons le roussi.

MAROT.

C'est le rôti que tu veux dire !... Allons, fi de la peur ! Buvons et mangeons à notre aise.

TOUS.

Oui, oui !...

FURSTEMBERG, à part.

Allons !... il faut commencer !... (Il s'approche d'Ango par derrière et lui frappe sur l'épaule.) Vive Dieu ! camarade, quel appétit !...

ANGO.

De quoi vous mêlez-vous ?

FURSTEMBERG.

De votre salut en cette vie et dans l'autre... Manger de l'aloyau un vendredi !

ANGO.

Un vendredi ou un dimanche, qu'importe ?... Cet homme est fou !

FURSTEMBERG.

Vous ne connaissez donc pas la nouvelle ordonnance ?

ANGO.

Quelle ordonnance ?

FURSTEMBERG.

Vous n'êtes pas de Paris, sans doute ?

ANGO.

Pourquoi toutes ces questions ?

FURSTEMBERG.

Vous ne savez donc pas, malheureux, qu'il y va de votre tête et de votre âme ; qu'il a été ordonné, sous peine de la hart, d'abord, et de l'enfer après, de faire maigre les vendredis et samedis... entendez-vous ?

ANGO.

Il n'y a qu'une ordonnance du médecin qui puisse me faire jeûner, moi... sinon je déjeune toute la semaine.

FURSTEMBERG.

Vous êtes donc un hérétique?

ANGO.

Moi?... Je suis matelot, et j'ai faim tous les jours.

FURSTEMBERG.

Ce que je vous en disais, c'était pour vous, pour votre femme; car vous me paraissez étrangers tous deux à Paris.

ANGO.

Je vous remercie : j'ignorais, en effet, l'ordonnance dont vous parlez; car à Dieppe, mon pays, on mange chair ou poisson à volonté.

FURSTEMBERG.

Vous êtes de la ville de Dieppe?

ANGO.

Oui... Je suis venu à Paris pour parler au roi.

FURSTEMBERG.

Au roi? (A part.) Je le savais!

ANGO.

J'ai à lui parler d'une affaire entre nous deux.

FURSTEMBERG.

J'entends!

ANGO.

Mais j'aurai fait, je crois, un voyage inutile.

FURSTEMBERG.

Comment cela?

ANGO.

Ce roi!... je n'ai pu pénétrer jusqu'à lui... Je me suis présenté vingt fois à son bord... On approche plus facilement d'une frégate anglaise.

FURSTEMBERG.

Eh bien, moi, je peux vous présenter à lui.

ANGO, se levant de table.

Vous ?

FURSTEMBERG.

Quand vous voudrez.

ANGO, se levant.

Le plus tôt possible !

FURSTEMBERG.

Aujourd'hui peut-être !...

ANGO.

Tant mieux...

FURSTEMBERG.

C'est convenu !... Donnez-moi votre adresse, afin que j'aille vous prendre aujourd'hui ou demain à l'heure que j'aurai obtenue pour l'audience.

ANGO.

Ango, de Dieppe, chez notre parente madame d'Estouteville, place du Châtelet.

FURSTEMBERG.

Vous pouvez compter sur ma parole... Vous verrez le roi ; mais j'ai un conseil à vous donner.

ANGO.

Lequel ?

FURSTEMBERG.

Ne lui montrez pas votre femme ; elle trop belle.

ANGO.

Et d'où savez-vous qu'elle est belle ?

FURSTEMBERG, à part.

Jaloux... bon ! (Haut.) Ah ! si elle était moins belle, son voile serait plus épais.

ANGO.

Le roi ne la verra pas. (Il se remet à table.)

FURSTEMBERG, à part.

Maintenant il faut partir!... (Haut.) Je vais m'informer si François Ier peut recevoir aujourd'hui... Attendez-moi... Je viens vous apporter la réponse.

ANGO.

Merci. (Furstemberg sort.)

SCÈNE V.

LES MÊMES, excepté FURSTEMBERG.

MARIE.

Voilà un homme qui est honnête.

DOLET.

Je respire à présent que cet homme est parti.

ANGO.

C'est un homme obligeant.

MARIE.

Quel noble maintien!

ANGO.

Je vais donc enfin me trouver face à face avec le roi.... Je ne m'en retournerai donc pas sans avoir obtenu réparation.

MARIE.

Je verrai le roi, la cour, les seigneurs!... Oh! quel bonheur, mon Dieu!

ANGO.

Mangeons.

DOLET.

A présent que le mouchard est parti, rions un peu si nous pouvons.

MAROT.

Oui; car nous avons avalé dans un silence solennel,

comme des gens pour qui c'est une affaire sérieuse de manger, parce que c'est une affaire rare.

DOLET.

Et pendant que nous jeûnons, le roi et le pape font bonne chère toute la semaine. Comme dit Rabelais, dans son histoire de Gargantua, ils nous dévoreraient vivans plutôt que de jeûner... Gargantua n'a-t-il pas mangé des pélerins en salade à son souper, au chapitre 38 de son histoire? Et Gargantua, c'est le pape; Pantagruel, son fils, c'est le roi... Même appétit glouton, même goût insatiable... Le chapitre 39, que je n'ai pas fini d'imprimer, à cause de la prohibition, contient le menu de leur dîner... Attendez! j'en ai la liste. (Il lit.) Seize bœufs, treize génisses, trente-deux veaux...

MAROT.

Laisse donc, tu lis cela comme un imprimeur... (Il lui prend la liste des mains, et la lit.) Seize bœufs, treize génisses, trente-deux veaux, soixante-trois chevreaux, quatre-vingt-quinze moutons, trois cents cochons de lait... L'eau m'en vient à la bouche. Douze cent-vingt perdrix, sept cents bécasses, quatre cents chapons, mille poulets et autant de pigeons, et des cailles, comme s'il en pleuvait... force potages!... Ne reconnaissez-vous pas là des besoins de pape et de roi?... les rations de François Ier et de Léon X? Tous deux race de grand-gosier, tous deux engeance de dévorans et d'engloutisseurs, qui consomment et dépensent à eux seuls plus que la ville de Paris tout entière; qui absorbent dans leur dîner d'un jour, le dîner et le souper de toute une année!...

DOLET, reprenant sa liste.

Quel malheur que je ne puisse achever l'impression de ce livre! Vous verriez comme son joyeux auteur, qui est curé de Meudon, et n'en est pas meilleur catholique pour cela, se moque en même temps du pape et du roi.

MAROT.

Oui, il prêche en riant, tandis que toi, Calvin, tu sermonnes sérieusement. Il égratigne le pouvoir en lui faisant patte de velours; toi, tu montres les dents et tu mords... Quel sera le sujet de ton prochain discours?

CALVIN.

Le meurtre et l'adultère. Le meurtre, dont un homme d'église ou de noblesse peut se racheter pour cent écus, et l'adultère pour cent livres!...

MAROT.

Combien fait-on payer au roi pour ce dernier péché?... On doit lui faire une remise sur la quantité.

SCÈNE VI.

Les mêmes, un OFFICIER DU ROI, GARDES, LE CABARETIER.

L'OFFICIER, à un Garde, qu'il place devant la porte.

Que personne ne sorte d'ici!... (Haut.) Tous ceux qui se trouvent céans sont arrêtés de par le roi et le saint-office. (Aux protestans.) Vous allez me suivre, messieurs.

DOLET.

J'avais bien dit que nous avions à faire tout à l'heure à un espion de Mouchy.

ANGO, tranquillement à Marie.

Cela ne nous regarde pas....

L'OFFICIER, à part.

Voilà bien la femme qu'on m'a signalée.

MAROT.

Laissons-nous arrêter, nous verrons s'ils oseront nous condamner!

L'OFFICIER, à Ango.

Allons, levez-vous.

ANGO.

Moi aussi ?...

L'OFFICIER.

Vous aussi.

ANGO.

Et pourquoi ?

L'OFFICIER.

C'est ce que vous apprendrez devant le saint tribunal.

ANGO.

Mais je suis innocent de tout crime, je vous jure !

L'OFFICIER.

C'est ce que vous prouverez devant le saint tribunal.

ANGO.

Quel saint tribunal? Mais c'est une erreur. Regardez-moi, regardez-moi bien, je vous prie.

L'OFFICIER.

Point d'explications; obéissez.

MARIE.

Je ne te quitte pas, mon ami, je te suivrai.

L'OFFICIER.

Non, madame, l'ordre ne vous concerne pas.

MARIE.

Que vais-je donc devenir, mon Dieu?

ANGO, à l'Officier.

Ecoutez, monsieur, je ne puis laisser ma femme seule ici, au milieu de Paris, qu'elle ne connaît pas. Permettez-moi de la reconduire. Faites-moi escorter avec elle par vos soldats, jusqu'à notre demeure, et puis je vous suivrai en prison, sans hésiter, je vous jure.

L'OFFICIER.

Je n'ai pas de temps à perdre ainsi. Allons !...

MARIE.

Comment faire, hélas! toute seule?

ANGO, à l'Officier.

Encore un moment... Ah! l'hôtelier pourrait sans doute... (A Furstemberg entrant.) Monsieur, venez à notre secours!

SCÈNE VII.

LES MÊMES, FURSTEMBERG.

FURSTEMBERG, ayant fait un signe à l'Officier, à Ango.

Que puis-je pour vous?

ANGO.

Je suis arrêté.

FURSTEMBERG.

Vous?... Et moi qui avais pris jour pour l'audience!

ANGO.

Je suis arrêté. C'est une méprise. Mais il me faut suivre ces soldats à l'instant même, abandonner ma femme sans protection ici. Innocent, étranger, voilà tous mes droits à vous demander service! Je n'ai pas le temps de vous dire qui je suis, de vous demander qui vous êtes; vous m'inspirez de la confiance, vous ne la tromperez pas.

FURSTEMBERG.

Non, non! votre malheur m'intéresse...

ANGO.

Reconduisez donc, je vous prie, ma pauvre femme chez sa parente!... Au nom de l'honneur, monsieur, je vous confie ici ce que j'ai de plus cher au monde, toute ma vie......

MARIE, se jetant dans ses bras.

Ango, mon cher Ango!...

FURSTEMBERG, à l'officier.

Attendez !...

ANGO.

Ma vie, ma fortune, mon nom même, je pourrais vous confier tout cela et le perdre sans vous maudire peut-être... mais vous voyez cette femme, mon unique amour, tout mon bonheur; elle pour qui je suis heureux d'être riche, pour qui j'irais dans l'Inde sur une barque... Si je la perdais, monsieur, je perdrais mon âme, et je maudirais ma mère de m'avoir créé.

FURSTEMBERG.

Soyez tranquille.

ANGO.

Marie!... nous ne nous reverrons plus, peut-être; pardonne, maintenant, hélas ! je crains tout, je soupçonne tout. Jure-moi donc (Il lui prend la main), par le gage sacré de notre union, par cet anneau donné au jour heureux de notre mariage, que tu ne m'oublieras pas quand je serai loin de toi, Marie; que tu porteras, dans ton cœur, le souvenir d'Ango, aussi fidèlement que cet anneau à ton doigt, tant que je vivrai. S'ils me tuent, jure encore, Marie, que tu retourneras à Dieppe dire à Gallies que je suis mort, me pleurer avec lui, et me venger si vous pouvez.

MARIE.

Que je suis malheureuse !

FURSTEMBERG, à Marie.

Moins que vous ne croyez, peut-être! (A Ango.) Je vais reconduire votre femme, et puis je m'occuperai de vous auprès du roi... Patience !

MARIE.

Mon Dieu !... mais je ne puis te quitter.

ANGO.

Mais non, j'ai tort de parler ainsi; rassure-toi, ma

chère Marie, ne pleure pas; je ne cours pas le moindre danger. Je reprends courage, imite-moi, vois comme me voilà redevenu tranquille. Ne suis-je pas innocent? je parlerai, je dirai mon nom au roi; je lui dirai pourquoi je suis venu, quelle grande cause m'amène. Rassure-toi donc, nous nous reverrons bientôt; je serai bientôt libre. (A Furstemberg.) Veillez sur elle, monsieur. (A sa femme.) Au revoir, au revoir, ma vie, mon bonheur! (A l'Officier.) Partons.

L'OFFICIER, à Marot, resté seul à table.

Allons, et vous aussi.

MAROT.

On ne fait pas gras sans doute dans les cachots du saint-office... Je vais toujours, par précaution, emporter le reste du péché... dans l'ordonnance.

(Il prend le reste du gigot et sort en l'enveloppant avec une des ordonnances affichée à la nappe même de la table.)

FIN DU PREMIER TABLEAU.

DEUXIÈME TABLEAU.

Le théâtre représente une salle du Palais-de-Justice. Au fond de la scène, un tribunal tendu de noir.

SCÈNE PREMIÈRE.

FURSTEMBERG, en costume d'inquisiteur, la tête défroquée.

Tout va bien jusqu'à présent : la femme est coquette. Sous prétexte de demander au roi la grâce de son mari, elle a accepté avec empressement l'invitation au bal que la ville donne ce soir au roi et au légat du pape..... Le roi a vu la femme, et il la veut.... Le mari est un vrai tigre qui ne pardonnera rien.... C'est aujourd'hui même que nous allons juger cet homme original..... Après la sentence, je lui ferai savoir que tout son crime était la beauté de sa femme..... et s'il est condamné, comme je le pense, à quelques années de prison, certes, la vengeance ne perdra rien pour attendre dans les fers..... S'il recouvre la liberté aujourd'hui même, la vengeance éclate aussitôt après l'offense, et demain peut-être..... Allons, Frédéric!....

SCÈNE II.

FRÉDÉRIC, FURSTEMBERG.

FURSTEMBERG.

Ecoute bien, Frédéric! Ce soir tu te feras beau, tu prendras une litière de ville; et, à sept heures, tu iras place du Châtelet, chercher Marie d'Estouteville et sa tante, pour les mener au bal du roi. A sept heures, entends-tu?

FRÉDÉRIC.

Oui, monseigneur..... (Il sort.)

SCÈNE III.

FURSTEMBERG.

Oh! je serai vengé..... Prends garde maintenant, roi qui te dis le fils aîné de l'Eglise, et qui n'es que le premier valet de l'inquisition; roi qui juges la vie des hommes le matin, et qui, le soir, danses avec leurs femmes; condamne bien ton prisonnier à mourir, si tu veux cette fois que ton coupable amour soit impuni! Roi sans cœur, je te hais, et je voudrais te voir haï de tous comme de moi-même..... Pour cela, je me suis fait ton confident, ton ami, ton complaisant même; chaque jour, je te pousse dans de nouvelles haines, dans de nouveaux amours, dans de nouveaux dangers; chaque jour, je te rends plus tyrannique, plus insupportable à tes sujets; j'amasse autour de toi le plus de colère, j'allume sur ta tête le plus de charbons ardens que je peux..... Encore un nouveau piége que je te tends aujourd'hui..... Je vais t'exposer à la vengeance de cet homme que j'ai fait arrêter hier, au nom du roi..... Ne pouvant te tuer moi-même, je te jetterai ainsi d'adultère en adultère, jusqu'à ce que tu te couches dans un lit conjugal, sur la pointe d'une bonne épée.... Mais le voici..... Allons, haine, retire-toi bien avant au fond de mon cœur, et laisse l'amitié masquer mon visage..

SCÈNE IV.

FURSTEMBERG, LE ROI, en costume de juge.

LE ROI.

Nous n'en finirons pas avec ce **grand complot. Il y a des centaines d'accusés* qui attendent justice dans les prisons..... Je suis prêt, moi..... je ne fais jamais attendre; mais cette vieille **ganache* de Morin n'a pas encore préparé tout son réquisitoire d'aujourd'hui. Vous verrez que M. le lieutenant criminel, avec son éloquence **et ses rhumatismes*, nous fera aller au bal à dix heures du soir : nous avons au moins une douzaine d'hérétiques à condamner aujourd'hui.

FURSTEMBERG.

Les juger, serait long; mais les condamner, ce sera bientôt fait.

LE ROI.

Sans doute : mais il y aura tant de jolies femmes au bal, ce soir, que nous ne saurions y aller trop tôt pour les voir toutes, mon cher comte.

FURSTEMBERG, avec mystère.

Il y en aura une, sire, dont la présence vous fera oublier toutes les autres.

LE ROI.

Laquelle, s'il vous plaît?

FURSTEMBERG.

Avez-vous donc l'amour si oublieux, sire?.... Ne vous souvenez-vous plus déjà de cette belle provinciale que vous avez vue ce matin à l'église de Notre-Dame?

LE ROI.

Vive Dieu!... si je m'en souviens!... la plus belle femme de mon royaume.... Et elle viendra au bal, ce soir?

FURSTEMBERG.

Oui, sire!

LE ROI, avec intérêt.

Comment le savez-vous?

FURSTEMBERG.

J'ai découvert son domicile, et...

LE ROI, vivement, secouant ses habits de juge.

Où demeure-t-elle? Allons-y!.... Au diable la jugerie!

FURSTEMBERG.

Patience! sire, il y a un mari.

LE ROI, charmé.

Il ne lui manquait plus que cela!

FURSTEMBERG.

Oui! mais vous ne pourrez pénétrer jusqu'à elle : le mari l'a confiée à une tante vieille, méfiante, incorruptible.

LE ROI.

Belle et mariée!.... Elle doit être victime d'un mari jaloux, enlevons-la!

FURSTEMBERG.

De la séduction d'abord, roi-chevalier!.... il sera toujours temps après d'employer la force..... Ce soir, vous danserez avec cette femme, je l'ai invitée à votre bal.

LE ROI.

Mais est-elle noble?

FURSTEMBERG.

Oui..... puisqu'elle vous plaît..... D'ailleurs, j'ai pris mes informations avant de l'inviter, et elle est digne de figurer à la fête, par sa naissance comme par sa beauté... J'aurai l'honneur de vous la présenter, sire.

LE ROI.

Merci, mon bon Furstemberg!.... Je meurs d'impatience; je voudrais être vieilli de trois heures..... Et ces **momies* de juges qui n'arrivent pas encore... Le diable m'emporte, s'ils ne méritent pas d'être destitués... Ces malheureux accusés attendent là depuis un temps infini..... Je la verrai au bal, ce soir!.... Allons, messieurs les juges, je vais un peu vous faire dépêcher.

LA VOIX D'UN HUISSIER.

Audience!

LE ROI, à Furstemberg.

Enfin..... Prenons place!

SCÈNE V.

FURSTEMBERG, LE ROI, le Cardinal de TOURNON, Anne de MONTMORENCY, Antoine MOUCHY, le lieutenant criminel MORIN, L'OFFICIER, Archers et Huissiers. (Les juges saluent le roi et prennent place.)

LE ROI, au milieu des juges.

Je vous prie, messieurs, de ne pas délibérer trop longtemps aujourd'hui et d'expédier nos accusés le plus promptement possible.

MORIN, arrangeant une liasse énorme de papiers.

Permettez, sire ; en précipitant trop nos jugemens, un coupable, quelquefois, pourrait échapper à la justice.

MOUCHY.

* *Il n'y a qu'à les condamner tous en masse.*

MORIN, à un Huissier, en parcourant les papiers.

Soit ! Qu'on introduise les accusés * *de la cent cinquante-septième série*.... Ceux qui se trouvaient ensemble à la même table, au cabaret des Trois-Couronnes.

LE ROI.

Voyons la liste, s'il vous plait. (Après l'avoir parcourue.) Avant de commencer le procès, il y a ici deux accusés pour lesquels je réclame l'indulgence du tribunal.... Ambroise Paré, parce qu'il est mon médecin, et que je suis quelquefois malade ; le poète Marot, parce que nous sommes poètes tous deux, et que.... l'on pourrait m'accuser de jalousie.... La clémence est l'apanage des rois : je vous abandonne les autres.

MORIN.

La médecine, la poésie.... Tout cela est bel et bon....

mais la justice ne doit rien perdre de ses droits.... Si donc elle fléchit à l'égard des uns, elle se rattrapera sur les autres.

LE ROI.

Cela est ingénieux... Mais vous vous hâterez de conclure.... N'oubliez pas, monsieur l'orateur, que je suis pressé d'en finir aujourd'hui.

MORIN.

* *Pour en finir plus vite, nous n'entendrons pas la défense.*

(Tous les juges font retomber leur capuchon sur leur visage.)

SCÈNE VI.

LES MÊMES, CALVIN, MAROT, PARÉ, DOLET, FÉRON, PARVI. (Les accusés s'asseyent.)

MORIN, se levant, un papier à la main, d'un ton rapide.

Etienne Dolet, Jéhan Calvin, Clément Marot, Ambroise Paré, Féron et Parvi... vous êtes accusés du crime d'hérésie à différens degrés.... Dans la matinée de vendredi dernier, à l'hôtellerie des Trois-Couronnes, vous avez enfreint l'ordonnance de notre saint-père le pape, contresignée par notre seigneur le roi... laquelle ordonnance enjoint à tout chrétien de s'abstenir de viande les vendredis et les samedis.... En outre, il a été saisi, notamment sur le sieur Etienne Dolet, imprimeur, la carte imprimée d'un souper, dit **souper royal et papal*, laquelle carte tend à exciter au mépris et à la haine du gouvernement temporel et spirituel, à jeter du ridicule et de l'odieux sur les personnes sacrées du pape et du roi (d'un ton plus lent.) en désignant clairement notredit saint-père le pape et notredit seigneur le roi, sous les sobriquets ridicules de Pantagruel et de Gargantua, et par les odieuses et infamantes épithètes de dévorans et de grands-gousiers....

Il a été saisi encore sur Jéhan Calvin un projet de discours plus qu'attentatoire aux droits que le roi et le pape tiennent de la couronne et de la tiare.

Cette carte et ce discours ont été lus par les uns et écoutés par les autres.... vous êtes donc tous accusés du double crime de lèse-majesté divine et humaine. (Se tournant vers les juges, d'une voix plus haute.) Oui, messeigneurs, c'est *un grand complot* que les ennemis de la religion et de la monarchie ont tramé, je ne dis pas seulement en France, mais dans l'Europe entière..... *C'est un complot comme on n'en a jamais vu, un complot-géant qui se ramifie universellement, incessamment, qui étend ses mille et mille bras du nord au midi, de l'est à l'occident, qui menace toutes nos institutions à la fois... Oui, l'anarchie est à son comble.... l'horizon politique et religieux se rembrunit horriblement... il n'y a plus de frein pour ces hommes pervers qui ne rêvent que bouleversement, que désordre, que rebellion....* Le respect pour les choses les plus saintes, pour les prêtres, les nobles et même les rois s'affaiblit de jour en jour, grâce aux perfides doctrines que des novateurs insolens répandent parmi le peuple, avec cette invention infernale qu'on appelle imprimerie.... Juges, *c'est à vous de dénouer la complication de la crise actuelle,* c'est à vous qu'il est donné de mettre une digue à un tel débordement... Vous tenez tous les fils de ce *complot-labyrinthe;* vous les trancherez de manière à ce qu'ils ne puissent jamais se renouer... Déjà la presse est prohibée à tout jamais dans l'étendue du royaume; mais ce n'est rien d'avoir anéanti l'instrument, si vous laissez subsister la tête et les bras qui le faisaient mouvoir.... Guerre à mort, donc, aux écrivains et aux imprimeurs, à ces deux espèces de démons que l'enfer a soufflées sur la France **pour plonger le vaisseau de l'Etat dans l'abime des révolutions.....*

DOLET.

La presse est un flambeau qui brûle la main qui veut l'éteindre.

L'HUISSIER.

Silence !...

LE ROI.

La cause est entendue... Aux conclusions, s'il vous plaît !

MORIN, très vite.

D'après le témoignage du sieur Bonvivant, cabaretier aux Trois-Couronnes, et autres preuves résultant de l'instruction des débats,

Concluons contre Etienne Dolet à la peine de mort;

Concluons contre Jéhan Calvin au bannissement perpétuel du royaume;

Concluons contre Ambroise Paré, Clément Marot, Féron et Parvi à l'exil de Paris, Ambroise Paré excepté, à cause de son service auprès de la santé royale, lequel Ambroise Paré restera pendant un an sous la surveillance de la police du royaume;

Concluons en outre contre tous les accusés ensemble et solidairement **à une amende de dix mille écus d'or*, et aux frais du procès.

MAROT.

Messeigneurs, bons juges, daignez nous entendre.

L'HUISSIER.

Silence ! (Les juges se lèvent et opinent en rond.)

MAROT.

**Interdire la défense aux accusés!... Voilà une monstrueuse justice !*

DOLET.

François Ier va me condamner au feu pour un papier

imprimé..... et ils appelleront ce roi le restaurateur des lettres ! (Les juges se rasseyent.)

MAROT, à part.

Déjà délibéré !... C'est fait de nous !... (Haut.) Nous protestons formellement... c'est épouvantable.

L'HUISSIER.

Silence !

MORIN.

* *Gardes, faites sortir cet accusé !...*

(L'officier s'avance vers Marot qui se tait et s'asseoit.)

LE ROI, se levant, et lisant très vite.

Sur le rapport et les conclusions du lieutenant criminel, le tribunal, après en avoir mûrement délibéré, condamne unanimement Etienne Dolet à être brûlé vif; Jéhan Calvin, au banissement perpétuel du royaume; Marot, Féron et Parvi, à l'exil de Paris; Ambroise Paré à rester une année sous la surveillance de la police dans Paris même... Le lieutenant criminel est chargé de l'exécution des sentences.

MORIN.

Qu'on emmène les accusés ! (Les accusés sortent.)

LE ROI.

Est-ce tout ?

MORIN.

Ce n'est pas fini, sire, il y en a encore un.

LE ROI.

Expédions-le vite pendant que nous y sommes.

MORIN.

Un, qui brise tout dans sa prison... il a fallu l'enchaîner, il ne répond à aucune question... il n'a pas seulement voulu dire son nom... Il en veut sans doute à la personne même de votre majesté, car il prétend qu'il n'a à faire qu'à vous seul.

LE ROI, à l'huissier.

Eh bien! introduisez-le!

MORIN.

Je le crois fou...

LE ROI.

Il nous divertira...

FURSTEMBERG, au roi.

Dépêchons-nous, sire!

LE ROI.

Oui, la nuit est avancée déjà... la salle s'illumine pour la fête. (On voit au fond du théâtre resplendir des feux aux fenêtres du palais opposé au Palais-de-Justice.

SCÈNE VII.

LES MÊMES, ANGO enchaîné, son bonnet sur la tête.

(Ango est décoiffé de force par un garde qui jette à terre le bonnet du matelot.)

MORIN, à Ango.

Accusé, votre nom? (Pas de réponse.)

LE ROI.

Accusé, le crime d'hérésie pèse sur votre tête... prenez garde d'irriter vos juges par votre silence!

MORIN.

Comment vous appelez-vous?

ANGO.

Suis-je devant le roi?

LE ROI.

Oui...

ANGO.

Ah!... je puis donc parler maintenant. Il y a assez longtemps que je voulais me trouver en sa présence.

LE ROI.

Qu'avez-vous donc à lui dire?

ANGO.

Qu'il écoute bien!... J'ai fait cinquante lieues pour venir le trouver à Paris, et je suis resté huit jours dans cette ville à dépenser inutilement mon temps et mon argent, sans pouvoir arriver jusqu'à lui... J'allais m'en retourner dans mon pays, à mes affaires, quand, par hasard, j'ai été arrêté... et j'en suis bien aise... Oui, complaisante police, je te remercie de m'avoir arrêté; grâce à toi, je puis conter au roi tout ce que j'ai sur le cœur...

LE ROI.

Au fait!... je vous écoute.

ANGO, brusquement.

Vous m'écoutez!... vous êtes donc le roi, vous?... J'aurais dû m'en douter, puisque vous siégez sur le siége le plus haut du tribunal...

LE ROI, se découvrant le visage.

Je suis le roi, parlez!...

ANGO.

Mais aussi, qui diable reconnaîtrait le roi sous ce froc de capucin?... pas plus que vous ne pourriez reconnaître sans doute le plus riche armateur de Dieppe sous ce costume de matelot enchaîné?

FURSTEMBERG, à part.

C'est un homme puissant autant qu'énergique.

ANGO.

Moi, je m'appelle Ango... Je suis marchand de mon métier... ma maison est à Dieppe, et mes vaisseaux sont partout... On demande justice contre moi, à cause de je ne sais quel crime d'hérésie... pour avoir, je crois, mangé de la viande, hier vendredi, dans le cabaret où j'ai été arrêté... Il s'agit bien d'autre chose entre nous, ma foi !... Moi, je viens vous demander réparation d'une injure faite à la France entière.

LE ROI.

Que dites-vous ?

ANGO.

Sire ! les Portugais, dans la mer d'Afrique, ont pris un de mes bâtimens et tué son équipage !

LE ROI.

Que voulez-vous que j'y fasse ?

ANGO.

Vous le demandez ! vous !... eh bien !... je vais vous le dire, moi !... Il faut que vous obteniez satisfaction du roi de Portugal, ou que vous lui déclariez la guerre !

LE ROI, riant.

Cet homme est fou !

ANGO.

Car les Portugais, en prenant mon vaisseau, ont violé le pavillon français, et le pavillon, c'est la patrie ; et vous êtes le chef de la patrie... Mon injure vous regarde donc... Les Portugais vous ont donc attaqué vous-même, vous ! François Ier, roi de France, en m'attaquant, moi, Ango. marchand de Dieppe.

LE ROI, riant plus fort.

Foi de gentilhomme ! le pauvre diable a perdu la tête !

(Tous les juges rient.)

ANGO.

Voilà ce que j'étais venu vous dire, majesté, et ce que vous auriez dû savoir déjà, si vous vous inquiétiez plus de l'intérêt de vos sujets que de ce qu'il leur plaît de manger à leurs repas...

MORIN.

Insolent !

LE ROI.

Laissez-le !... ses impertinences m'amusent comme les saillies de Triboulet.

ANGO.

Ainsi, vous me refusez satisfaction ? ainsi, vous laissez une telle insulte impunie ? Allons, Anglais, Allemands, Espagnols, Portugais, ruez-vous tous sur la France! car elle a un roi qui s'occupe à la juger au lieu de la défendre, qui porte un froc au lieu d'une cuirasse, qui ne tient pas à être grand roi, mais grand inquisiteur.

FURSTEMBERG, bas au Roi.

Ne nous arrêtons pas plus long-temps à cet insensé! le bal commencerait sans nous.

MORIN, se levant.

Messeigneurs ! c'est un ennemi de Dieu et des hommes, que vous voyez ici présent!...

LE ROI, l'interrompant.

Assez ! monsieur le lieutenant criminel, je vous prie... (Morin se rasseoit.) Je désire qu'Ango l'armateur ne soit plus poursuivi pour crime d'hérésie... C'est déjà trop que le pauvre fou ait perdu son vaisseau!... (Il rit.) Dirait-on que c'est un propriétaire de navires ? Allons, matelot de Dieppe, le tribunal te fait grâce, car tu l'as fait rire mieux que mon fou... Je veux que Triboulet ait demain une jaquette semblable à la tienne... Qu'on reconduise Ango à ses navires, à ses affaires... comme il dit... qu'il quitte Paris et qu'on l'escorte bien jusqu'à Dieppe !... (A l'Officier.) Vous en répondez !

(Les juges sortent. L'officier ôte les chaînes des mains d'Ango.)

SCÈNE VIII.

ANGO, L'OFFICIER, GARDES.

ANGO.

Oh ! l'imbécile roi !

L'OFFICIER.

Allons, il faut partir pour Dieppe à l'instant même.

ANGO.

Ma femme !... je veux la revoir d'abord, je veux l'emmener avec moi !

L'OFFICIER.

Elle vous rejoindra dans votre pays.

ANGO.

Je vous en supplie... permettez-moi d'aller la reprendre place du Châtelet... Je suis plus riche que vous ne pouvez imaginer... je vous récompenserai...

L'OFFICIER.

Vous rêvez, l'homme aux navires !

SCÈNE IX.

LES PRÉCÉDENS, FURSTEMBERG.

ANGO.

Vous, ici ?... le ciel soit loué !

FURSTEMBERG.

Je viens d'apprendre que vous étiez condamné à quitter Paris... (A part.) Sept heures vont sonner !

ANGO.

Encore un service, seigneur ! Vous avez reconduit hier

ma femme chez sa parente, n'est-ce pas? allez lui dire qu'il faut que je parte, et qu'elle me suive à Dieppe... Vous pouvez compter sur une éternelle reconnaissance.

FURSTEMBERG.

Hélas! je crains bien que vous ne partiez seul... votre femme.....

ANGO.

Serait-elle morte? grand Dieu!

FURSTEMBERG.

Oh! non... mais je n'ose vous apprendre...

ANGO.

Qu'y a-t-il donc?

FURSTEMBERG.

Recueillez donc tout votre courage!... Vous n'avez pas eu de nouvelles de votre femme depuis que vous êtes en prison?

ANGO.

Non!

FURSTEMBERG.

Elle n'a point cherché à pénétrer jusqu'à vous.... à vous faire arriver la moindre consolation?

ANGO, avec chagrin.

Cela est vrai!... mais les geôliers s'y sont opposés, sans doute?

FURSTEMBERG.

Non!... votre femme vous a oublié!

ANGO, vivement.

Mensonge!... mensonge!

FURSTEMBERG, froidement.

Vous en croirez mieux, sans doute, vos propres yeux que mes paroles!

ANGO.

Voyons!... Malheur à toi si tu me trompes!... Si tu dis vrai, malheur aux deux autres!

FURSTEMBERG, à part.

Bien! bien! (Haut.) Tenez, regardez ce palais illuminé en face... Là, il y a un bal, vis-à-vis de la geôle qui est ici... Les condamnés d'ici pourront voir danser leurs juges là-bas!... Approchez-vous donc de cette fenêtre et fixez vos regards sur la porte de ce palais voisin. Vous n'avez pas un quart d'heure à examiner, peut-être, pour voir vous-même la preuve d'une grande trahison!

(Ils se dirigent vers la fenêtre au fond du théâtre.)

ANGO.

Que vais-je apprendre, mon Dieu? (Après avoir regardé un instant.) Que me font tous ces seigneurs, et toutes ces dames?

FURSTEMBERG.

Patience!... Tenez, voyez-vous cette litière brillante qui s'arrête à la porte du palais?

ANGO.

Je la vois comme si je la touchais.

FURSTEMBERG.

C'est une litière de la cour.... Voyez-vous ce beau cavalier qui l'accompagne?

ANGO.

Je ne le connais pas.

FURSTEMBERG.

C'est un compagnon du roi... Connaissez-vous ces deux dames qu'il fait sortir de la litière? Cette vieille?....

ANGO.

O ciel!

FURSTEMBERG.

Et la jeune, maintenant?

ANGO.

Ma femme!

FURSTEMBERG.

Qui va au bal du roi, avec sa tante, sous les auspices de ce jeune courtisan. J'ai su cela, et je suis venu vous l'apprendre, me croyez-vous, maintenant?

ANGO.

Au bal, quand je suis en prison !... Oh! mais c'est un rêve! une erreur de mes sens.... Les yeux peuvent s'abuser.... Elle à une fête, quand je suis en proie à toutes les douleurs! mais c'est impossible.

FURSTEMBERG.

Elle n'est pas entrée encore, regardez.

ANGO, après avoir regardé.

Plus de doute, c'est elle, elle que je vois, mon Dieu! (Il ébranle les barreaux de la fenêtre.) Malédiction sur elle et sur moi! Oh! je vais l'aller chercher moi-même.

(Il veut sortir.)

L'OFFICIER.

Impossible, l'armateur! Vous ne pouvez sortir librement, et il faut nous suivre.

ANGO.

Vous suivre! Que dites-vous? Mais il faut que je la voie, elle, il faut que je lui parle, que je la tue... Oh! je suis un insensé, ma tête s'égare, mes genoux faiblissent. A moi! (Il s'appuie sur le comte.) Oh! je l'aimais tant... Oh! je sens là que j'en mourrai.

FURSTEMBERG.

Oubliez cette infidèle, et retournez à Dieppe.

ANGO, avec explosion.

Oh! je me vengerai!... mille tonnerres!... je me vengerai.

FURSTEMBERG.

De qui? Retournez donc à Dieppe, puisque vous y êtes

forcé ! Moi, qui peux rester ici, je saurai quel est le complice, je vous le dirai... et alors... vous vous vengerez !..

ANGO.

Merci ! Oh ! funeste voyage ! Oh ! cruelle trahison !.... Que je suis malheureux !

L'OFFICIER, sur un nouveau signe de Furstemberg.

Allons, partons !

ANGO.

Je vous attends à Dieppe, je vous attends. (Il sort.)

FURSTEMBERG.

J'ai donc trouvé l'homme qu'il me fallait !... ayant le vouloir et le pouvoir de la vengeance !... Il faut maintenant que cet homme me tue le roi, et qu'il livre Dieppe aux Anglais, les alliés de mon maître.... Allons donc au bal présenter sa femme à François Ier !!!

FIN DU DEUXIÈME TABLEAU ET DU PREMIER ACTE.

ACTE II.

Le port de Dieppe. A l'horizon, la mer couverte de brouillards. A droite une grande maison.

SCÈNE PREMIÈRE.

(Tapage dans la coulisse, cris, hurlemens, rires, toute la couleur d'une orgie furieuse qui brise et qui brûle... Au moment où la toile se lève, on entend un chœur de matelots qui s'accompagnent à grands coups de haches et de pinces.)

CHŒUR.

(Cris dans la coulisse.)
A bas Ango!... à bas le traître!... à bas l'avare!

Après MICHEL GALLIES et un MATELOT.
(Ils entrent précipitamment.)

GALLIES, blessé, sanglant, la casaque déchirée, et tenant à la main un tronçon de hache.

Oh! les gredins!... les enragés! Ils ne laisseront pas pierre sur pierre dans la maison.... Les entends-tu, dis?.. Il faut que j'y retourne; lâche-moi!

LE MATELOT, retenant Gallies.

Mais ils vont te tuer, mon garçon!

GALLIES.

Eh bien, tant mieux! qu'ils me tuent! pourvu que j'en tue aussi quelques-uns... Je ne demande que cela!...

(Il veut se dégager.) Ah! ah! je suis tout brisé.... plein de sang!... Mon Dieu!... mon Dieu!... (Il tombe épuisé sur un tas de cordages.). Oui... va!... va te battre, Gallies... te voilà solide et bien armé..... Oh! corsaires, brigands que vous êtes tous! (Il regarde le matelot avec fureur.)

LE MATELOT.

Ah çà! mais, Gallies, tu sais bien que je n'en suis pas, moi!

GALLIES.

Je sais... je sais..., je ne sais rien!... Pourquoi ne m'as-tu rien dit?... Tu savais bien ce qu'on voulait faire!

LE MATELOT.

Dénoncer mes camarades!

GALLIES.

Et moi, imbécile! qui n'ai rien deviné, rien prévu.... Ango! mon maître, mon ami, mon bon frère Ango! que vas-tu dire, quand tu reviendras? (Il pleure.)

LE MATELOT.

Allons donc, Gallies, du courage!... Est-ce que c'est ta faute si les marchands, ennemis d'Ango, ont profité de son absence pour faire une émeute contre lui?... C'est une fière bêtise que de s'attacher comme cela! Ne dirait-on pas que tu es son chien, à cet homme?

GALLIES.

Et qui donc aimerais-je, si je n'aimais cet homme-là? Il m'a nourri, adopté pour frère, il n'a jamais rien eu de caché pour moi, il m'aurait enrichi cent fois déjà, si j'avais voulu!... Ah! oui, tu as raison, matelot : je suis son chien. Quand le maître est parti, le chien est triste; il ne mange, ni ne dort, comme moi; il garde mal la maison, comme moi. Veux-tu que je te dise mon idée? Tiens, je crois qu'Ango est mort!

LE MATELOT.

Mort!

GALLIES.

Oui.... Ils l'auront tué là-bas, à Paris.... Je sens ça, vois-tu.... (*Le tapage recommence, on voit des flammes sortir de la maison.*) Oh! sûrement qu'il est mort!... Quand on abat la maison, c'est qu'il n'y a plus personne pour l'habiter.... Au moins, Gallies sera enterré dans les débris.... Laisse-moi! il faut que j'y aille.... (*Il se lève.*) Toi.... écoute... L'or et l'argent sont en sûreté, bien cachés.... Je vais te dire où....

SCÈNE II.

LES PRÉCÉDENS, MATELOTS, OUVRIERS DU PORT, MARCHANDS. (*Ils apportent un baril plein d'eau-de-vie qui brûle, et le placent au milieu du théâtre... Derrière ils dressent un mannequin en paille vêtu avec des habits d'Ango... Le chant reprend fortissimo.*)

LE SECOND MATELOT.

En avons-nous bu de son vin!... C'est bête tout de même d'avoir cassé des cruches pleines.

UN OUVRIER.

Dites donc, les autres, à présent que nous avons brûlé la maison, il faut noyer le maître!

TOUS.

C'est ça!... A l'eau le mannequin!...

(*Ils dansent à l'entour et le jettent à la mer.*)

LE SECOND MATELOT, *apercevant Gallies.*

Tiens! il est encore là, le matelot d'Ango! Ohé! a-t-il une mine! oh! ces yeux!... Prenons garde!... il va nous mordre.

UN OUVRIER.

Il n'y a qu'à le soûler, ça le calmera.

TOUS.

A boire! à boire!

UN MARCHAND.

Oui! mes enfans, à boire! Buvons tous à la ruine, à la mort d'Ango.

TOUS.

A la ruine, à la mort d'Ango!

GALLIES, à son camarade.

Mais, apporte-moi donc une hache! apporte-moi donc quelque chose!

LE MARCHAND.

Qu'il ne trouve plus où reposer sa tête quand il reviendra ici! Que cette ville qui fut sa mère et dont il a voulu faire son esclave, le repousse et le maudisse! Vous tous qu'il traitait en serfs, à qui il imposait la corvée, comme un seigneur à ses paysans, braves matelots qui couriez les mers pour lui, ouvriers du port dont cet insolent despote changeait les sueurs en or, et vous, marchands et armateurs comme moi, dont il monopolisait à son profit l'industrie et les lumières, que toutes vos voix tonnent comme une seule et s'écrient : Malédiction sur Ango l'avare!... malédiction sur Ango le tyran!

TOUS.

Malédiction! (Le chœur et la ronde reprennent.) A boire!... à boire!

LE SECOND MATELOT.

A Gallies, l'honneur!

(Il tend à Gallies une écuelle pleine.)

GALLIES, debout, l'écuelle à la main, s'avance vers le Marchand.

C'est à toi l'honneur! à toi qui viens de si bien parler... Tiens! (Il lui jette l'écuelle au visage.)

TOUS, avec fureur.

A la mer Gallies!... A la mer le matelot d'Ango!
(Gallies se débat et fait le moulinet avec son arme; mais bientôt il est saisi et emporté vers la coulisse opposée à la maison... Quand

ceux qui le portent s'arrêtent et reculent, on entend le galop d'un cheval.)

LE PREMIER MATELOT.

Arrêtez! arrêtez!... Ango! c'est Ango!

TOUS, avec terreur.

Ango!!!...

LE PREMIER MATELOT.

Oui! tenez, un homme à cheval!... Ah! son cheval tombe mort... l'homme se relève... c'est lui!... c'est Ango!.....

SCÈNE III.

LES PRÉCÉDENS, ANGO. (Il entre en scène tout échevelé.)

TOUS, avec terreur.

Ango!!!...

ANGO, courant à Gallies.

Gallies!... mon compagnon, mon frère!... Gallies, mon pauvre matelot!..... Arrière, bêtes féroces!... Que vous a-t-il fait pour le déchirer?

GALLIES.

Ango, pardonne-moi!... J'ai mal défendu ta maison... mais c'est que j'étais seul contre eux tous... Seul!... tout seul!

ANGO.

Dans mes bras, Gallies!... dans mes bras, mon ami! (Ils s'embrassent.) Du sang après tes vêtemens... du sang!... Le tien sans doute!... Oh! dis-moi, dis-moi qui l'a versé; et par la femme qui nous a nourris tous deux, je te jure, Gallies, que tu seras vengé... (Il regarde tout le monde qui se tait et baisse les yeux.) Quelqu'un d'entre vous, misérables; quelqu'un d'entre vous, assassins et pillards que vous êtes, n'osera-t-il point répondre pour lui?... Eh quoi! parce qu'au lieu d'un homme contre vous il s'en trouve deux maintenant, vous avez peur!... vous tremblez!... vous fuyez!...

LE SECOND MATELOT, au Marchand.

Eh bien! maître! parlez-lui donc à cette heure.

GALLIES, bas à Ango.

C'est un coup monté contre toi par les marchands.

ANGO.

Que disent-ils?

GALLIES.

Que tu es un tyran, un avare; que tu veux le gouvernement de Dieppe.

ANGO.

Pauvre peuple!

GALLIES.

Tiens, regarde comme ils ont arrangé ta maison! (Bas.) Heureusement que j'ai sauvé le trésor; il est enterré dans la cabane de ma mère.

ANGO, lui serrant la main.

Bon Gallies!.... (Pendant ce dialogue, les matelots, ouvriers, etc., ont commencé à se retirer, Ango court à eux et les arrête.) Restez! je le veux...

LE MARCHAND, brusquement.

Encore nous commander!

ANGO.

Ne suis-je plus votre prévôt?... M'avez-vous déjà remplacé?... Alors, qu'il vienne celui qu'on a jugé plus digne que moi; qu'il vienne donc!

LE PREMIER MATELOT.

Allons donc... criez Ango! vive Ango!

ANGO.

Silence!... Ecoutez-moi!... Peuple de Dieppe! vous

avez la mémoire bien légère... Deux semaines vous ont suffi pour oublier mes services... La leçon est rude; j'en profiterai... Au reste, il n'y a ici ni premiers ni derniers... les droits sont égaux : la parole est libre pour tous... Je me tais à mon tour.... A mes accusateurs de parler.

LE MARCHAND.

La mer est-elle ta propriété, Ango? Tes navires la parcourent seuls; les nôtres sont à pourrir dans les quais. Tu t'enrichis, et nous nous ruinons... Est-ce juste cela, mes amis?

MATELOTS ET OUVRIERS.

Non, non!

ANGO, aux marchands.

La fortune est aux hommes de cœur qui seuls osent affronter les dangers dont elle s'environne... Aux lâches la misère! Le port de Dieppe ne s'ouvre-t-il que pour moi?

LE PREMIER MATELOT.

Ango a raison.

ANGO.

Peureux qui vous plaignez, je vous achète vos navires; dites le prix que vous en voulez!... Ouvriers et matelots, on m'accuse devant vous d'être un despote et un avare!... A la besogne, compagnons : sur le pont, matelots; je double le prix des engagemens et des journées, et je vous enrôle tous! voulez-vous?

TOUS.

Oui!... oui!

ANGO.

Je spécule sur vos misères, je m'engraisse de vos sueurs, je m'enrichis de vos périls : ils vous ont encore dit cela, les menteurs! Eh bien, mes compatriotes, je vous envoie à la conquête d'un royaume; je vous envoie à Lisbonne la riche, à Lisbonne la ville d'or et de diamans!

Je vous la donne, cette ville; vous la pillerez, vous la ruinerez, vous la brûlerez! et je n'en veux rien pour moi! rien!... pas une brique de ses maisons... pas un écu de ses trésors, pas une perle de ses colliers!... A vous!... à vous tout cela, mes amis! A moi les drapeaux portugais! à moi la vengeance! Dites! voulez-vous?

TOUS, avec enthousiasme.

Oui!... oui!

LE PREMIER MATELOT.

A genoux, camarades!... à genoux devant lui comme devant notre père, comme devant Dieu! à genoux; et qu'il nous pardonne! (Ils se mettent à genoux.)

ANGO.

Oui, je veux être votre père... Relevez-vous, mes amis; oubliez vos torts d'aussi bon cœur que je vous les pardonne! Ne songeons tous qu'à la gloire de Dieppe, de notre patrie! (Il va au baril qui brûle toujours et remplit une écuelle.) Dieppois, mes concitoyens, mes frères, je bois à l'éternelle renommée de cette ville.

TOUS.

Vive Ango!!! (Les marchands s'enfuient.)

LE PREMIER MATELOT.

Les voilà qui se sauvent à présent!... Vengeons notre père! Au feu les marchands!

(Les matelots courent après les marchands.

ANGO.

Aux navires!... aux navires! (Les matelots s'arrêtent.) Celui qui dans dix minutes ne sera pas à son poste, pourra rester à Dieppe; aux autres le voyage!... aux autres le butin!

TOUS, se retirant en tumulte.

Vive Ango!

SCÈNE IV.

ANGO, GALLIES.

ANGO.

L'orage a viré de bord... Ce n'est plus sur moi qu'il souffle maintenant; c'est sur eux... Si je voulais, un signe, un mot, et toutes les maisons de la ville s'allumeraient pour effacer l'incendie de la mienne... (Revenant à Gallies.) Eh bien, Gallies, mon pauvre matelot! comment te trouves-tu?

GALLIES.

Moi?... très bien.

ANGO.

Mais... n'es-tu pas blessé? (Il le fait asseoir à ses côtés.)

GALLIES.

Ah! bah!... je n'y pense plus... De te voir si grand tout à l'heure, cela m'a guéri... Tout de même, tu as eu une bonne idée de crever ton cheval; car deux minutes plus tard, et Gallies n'aurait plus revu Ango... Ah! çà... mais il me paraît que tu as fait un bon voyage? Est-ce bien beau Paris?

ANGO.

Oui... mon ami... oui... c'est très beau.

GALLIES.

Tu as vu le roi?

ANGO.

Oui... je l'ai vu.

GALLIES.

Et vous vous êtes arrangés ensemble, je vois cela... Il a compris notre affaire... il t'a donné plein pouvoir pour déclarer en son nom la guerre au Portugal. Tout est prêt ici pour la chose... les ordres que tu avais donnés avant ton départ ont été exécutés; allons c'est un brave homme le monarque; j'avais tort de t'empêcher de l'aller trouver... Le capitaine Parmentier avait bien raison de le vanter; il me citait encore hier cette fameuse lettre à madame d'Angoulême, après la bataille de Pavie.

ANGO.

Ah! oui... « Tout est perdu, excepté l'honneur. » L'honneur!... l'honneur!... et François Ier... Cette lettre est un mensonge, Gallies; cette lettre n'a jamais été écrite..... François Ier, le roi de France, est plus méprisable cent fois que le dernier des bandits qui tout à l'heure saccageaient ma maison.

GALLIES.

Qu'est-ce que tu dis donc là?

ANGO.

Je dis qu'à la cour du roi de France, il n'y a que lâcheté; je dis que les nobles seigneurs qui la composent sont un ramas d'infâmes, ayant à leur tête le plus infâme de tous, le roi! je dis qu'ils m'ont ri au nez, quand je leur ai parlé d'honneur et de justice; qu'ils m'ont traité de fou, lorsque, dans ma franchise de marin, j'ai déclaré le roi solidaire de l'insulte faite à mon pavillon.

GALLIES.

Voilà..... tu t'y seras mal pris..... Je t'avais tant recommandé de leur parler poliment..... J'aurais dû y aller, moi!....

ANGO.

Sais-tu comment j'ai été accueilli dans cette ville?.... On m'a arrêté; on m'a jeté, chargé de chaînes, sur la paille pourrie, au milieu de la vermine d'un cachot, en me disant que j'étais hérétique, et que j'allais être brûlé...

GALLIES.

Brûlé !

ANGO.

Oui..... brûlé !....

GALLIES.

Brûler un matelot !.... Cette idée !.... Et pourquoi ?

ANGO.

Est-ce que je sais ? Il y avait bal à la cour le lendemain, on voulait un bûcher pour éclairer la fête... J'étais là... on m'a pris..... Et puis, en comptant les têtes, ils ont trouvé la mienne de trop..... alors on m'a laissé aller.....

GALLIES.

Mon pauvre Ango !

ANGO.

Oh ! je n'avais qu'une injure sur le cœur, quand Parmentier est venu m'apprendre le massacre de mes malheureux matelots.... Maintenant..... maintenant j'en ai mille..... plus sanglantes que la première..... Ils me les paieront cher..... je te jure. Ah ! je suis un fou qui fait rire ..... un pauvre homme qui ne vaut pas la peine qu'on le juge... un mendiant que l'on chasse, quand il s'avise de demander l'aumône à la justice du roi..... Allons, majesté royale, voyons ce que dira Lisbonne des plaisanteries de votre fou !...

GALLIES.

A la bonne heure !.... A propos..... et ta femme..... où est-elle ? J'espère qu'il ne lui sera rien arrivé dans tout cela.

ANGO.

Ma femme ?.... Je n'ai plus de femme, Gallies..... ils me l'ont prise..... Tombée dans leur enfer, elle s'y est damnée comme les autres..... Je suis allé me déshonorer deux fois à la cour de France..... Et cette flotte qui tout à l'heure va courir sur Lisbonne, ne rachètera que la moitié de l'honneur d'Ango..... Gallies! Gallies! que je suis malheureux!....

SCÈNE V.

LES PRÉCÉDENS, LE LIEUTENANT DE L'AMIRAUTÉ, MATELOTS, puis après LE COMTE DE FURSTEMBERG.

GALLIES, se levant.

Eh bien, quoi?.... qu'est-ce qu'il y a?.... est-ce que nous ne sommes pas encore tranquilles?

LE PREMIER MATELOT.

Dame! c'est le lieutenant de l'amirauté, qui prétend que l'on n'a pas le droit... (Au Lieutenant.) Tenez, au fait! voilà le maître; expliquez-vous avec lui...

ANGO, au Lieutenant.

Que voulez-vous, monsieur?

LE LIEUTENANT.

On vient de m'apprendre que vous armez une flotte contre le Portugal.

ANGO.

On ne vous a point trompé, monsieur... Après?

LE LIEUTENANT.

Je dois m'opposer à cet armement.

ANGO.

Vous croyez!

LE LIEUTENANT.

C'est mon droit.

ANGO.

Dites votre devoir, à la bonne heure!.. Enfin, où voulez-vous en venir?

LE LIEUTENANT, balbutiant.

Au nom de sa majesté très chrétienne François Ier, roi de France, duc de Normandie, fils aîné de l'Eglise, je vous somme de m'exhiber les ordres du roi, votre seigneur et le mien, qui vous autorisent à l'armement d'une flotte contre le Portugal, déclarant qu'à votre refus, vous serez proclamé traître et félon envers la couronne, et traduit comme tel devant la haute cour de l'amirauté.

ANGO.

C'est magnifique, monsieur le lieutenant... Combien sa majesté très chrétienne vous donne-t-elle pour me débiter ces belles choses?

LE LIEUTENANT.

Maître, je suis émolu à cent écus par an.

ANGO.

Si vous voulez me faire le plaisir de vous taire, vous aurez deux cents écus; si vous me faites l'honneur d'entrer à mon service...

LE LIEUTENANT.

Maître, mon devoir...

ANGO.

Ah! oui... votre devoir... c'est juste... j'oubliais... Mais j'ai le droit, moi, de vous faire pendre; n'est-ce pas, matelots?

LES MATELOTS.

Oui!.. oui!..

ANGO.

Et ce serait dommage, car vous êtes un brave marin, je le sais. Soyons donc raisonnable... Quel grade avez-vous?

LE LIEUTENANT.

Je suis lieutenant des flottes de sa majesté.

ANGO.

Je vous fais capitaine des flottes d'Ango, et vous donne

quatre cents écus ; c'est mieux que le fils aîné de l'Eglise, n'est-ce pas?.. Vous acceptez?..

LE LIEUTENANT.

Les circonstances...

ANGO.

C'est entendu... Changez donc de livrée, capitaine ; je ne souffre point chez moi d'autres couleurs que les miennes... (Il lui secoue sa casaque, armoriée au blason royal.) Gallies, va faire habiller monsieur... Allez ! capitaine, allez !... Que Dieu vous ait en sa sainte garde !

(Il le pousse par les épaules dans la coulisse. Les matelots sortent en suivant.)

SCÈNE VI.

FURSTEMBERG, puis ANGO.

FURSTEMBERG.

La lutte est engagée... Le sujet se révolte, l'esclave ne lèche pas la main qui le battait, il la mord... C'est bien. Prends garde à toi, roi de France! ce que tu as rejeté comme une couleuvre inoffensive, est un serpent qui t'étouffera... Oh! bénie soit l'inspiration infernale ou céleste, qui m'a fait deviner cet homme et le suivre... J'oublie ma honte et mes maux en ce moment... je suis heureux!.. Le voilà!.. (Ango rentre.)

ANGO, apercevant Furstemberg.

Ah! déjà ici!.. merci!.. merci!.. Vous êtes de parole... Eh bien! qu'avez-vous appris? dites!.. oh!.. dites!

FURSTEMBERG.

Je sais tout!..

ANGO.

Plus d'espoir... n'est-ce pas?.. Elle m'a abandonné?..

FURSTEMBERG.

Oui.

ANGO.

Oh! mais... c'est bien sûr!.. c'est bien sûr!..

FURSTEMBERG.

Elle a vu le roi... elle a parlé au roi!

ANGO.

Eh bien!.. mais...

FURSTEMBERG.

Et le lendemain... chez sa tante, on ne l'avait pas revue.

ANGO.

Oh!.. Marie!.. Marie!.. Mais qui êtes-vous, au fait?... Comment t'appelles-tu donc, toi, pour que je te croie quand tu me parles d'elle ainsi?.. Je ne te connais pas...

FURSTEMBERG.

Quand deux hommes à destinée pareille se rencontrent dans la vie, une main puissante et invisible les pousse l'un vers l'autre... Je ne vous connaissais pas non plus, moi, et pourtant quand je vous ai vu la première fois, je vous ai tendu la main, j'ai compris que le malheur nous unissait.

ANGO.

Que voulez-vous dire?

FURSTEMBERG.

Une injure allait vous être faite et vous rendre semblable à moi, à moi misérable, insulté avant vous... La même source d'opprobre devait jaillir sur nous deux : nous n'étions plus, comme vous voyez, étrangers l'un à l'autre; nous étions frères, nous étions amis.

ANGO.

Il vous avait donc aussi refusé justice?

FURSTEMBERG.

N'avez-vous pas d'autre reproche à faire au roi de France, monsieur Ango? Ecoutez-moi : je me nomme le comte de Furstemberg ; je suis Espagnol ; à la bataille de Pavie, François Ier fut pris par les miens ; je pouvais le tuer... je ne voulus pas... Ce fut un tort... J'ai accueilli ce roi dans ma maison, comme un frère, quand Charles-Quint le retenait captif à Madrid... et il est entré chez moi, le lâche, pour me voler la seule femme que j'aie jamais aimée... Je n'appris sa trahison qu'à mon retour d'un voyage fait en Allemagne par ordre de l'empereur... Alors, François était libre et remonté sur son trône... Charles-Quint me nomma son ambassadeur auprès de lui... je revis à Paris l'homme à qui j'avais donné la vie, et qui m'avait pris l'honneur.

ANGO.

Et vous ne vous êtes pas vengé !.. et vous ne l'avez pas tué !

FURSTEMBERG.

Cela ne se pouvait pas, monsieur Ango.

ANGO.

Je ne vous comprends pas...

FURSTEMBERG.

Si j'eusse écouté sans réflexion la haine qui me transporte contre cet homme, si j'eusse cédé un instant à l'impulsion spontanée qui me fait saisir mon épée dès que je le vois, d'un bout de l'Europe à l'autre on eût crié à la trahison, à la violation du droit des gens... on eût appelé ma vengeance un crime, dont l'infamie eût été rejaillir sur mon maître. On eût dit que Charles-Quint, jaloux de François Ier, avait envoyé sciemment un assassin à la cour de son rival, et la gloire du roi victime aurait gagné tout ce que sa mort eût enlevé à l'honneur de mon maître.

ANGO.

Vous ne vous vengerez donc pas, alors?

FURSTEMBERG.

On se venge des rois autrement que par le poignard... Il faut savoir attendre, voilà tout!.. L'occasion vient lentement, mais elle vient... Qu'importe le retard, quand on la saisit?.. Eh bien! l'occasion est venue.

ANGO.

Comment cela?

FURSTEMBERG.

Mettons ensemble nos deux haines, monsieur, car vous le haïssez aussi, n'est-ce pas?

ANGO.

Si je le hais!.. Oh! que n'était-il là pendant cette nuit infernale, où, gardé à vue par ses soldats, j'attendais l'heure de quitter Paris!... Tandis que, désespéré, furieux, maudit, je me meurtrissais aux murs de mon cachot, sans doute il dansait, le rire de la luxure aux lèvres; il dansait en jetant aux femmes de ces propos qui souillent et dépravent; il dansait, le brûleur d'hommes, en regardant Paris, l'immense Paris qu'il a fait l'égout de ses débauches... et Marie, Marie qui m'avait été donnée si noble et si pure, Marie l'écoutait, l'admirait; Marie s'enflammait aux étincelles de ses regards, s'empoisonnait à son souffle de démon... Si je le hais!.. si je le hais!..

FURSTEMBERG.

Eh bien, Ango, vous êtes maître ici; et celui qui est maître à Dieppe, tient dans ses mains les forces maritimes de la France; moi, le comte de Furstemberg, je tiens dans les miennes l'Espagne et l'Angleterre... Faisons de tout cela un faisceau pour écraser notre ennemi commun.

ANGO.

J'ai mal entendu... Que me proposez-vous là?...

FURSTEMBERG.

Je vous offre pour seconds dans votre querelle avec cet homme, le roi Henri VIII et l'empereur Charles-Quint.

ANGO.

Est-ce que j'ai besoin de ces gens-là, moi? Est-ce que je vais emprunter le bras ou le pied d'un autre pour frapper, pour écraser ce qui me déplaît ?... Vrai Dieu! monsieur le comte, c'est une infâme trahison que vous m'offrez : merci!... je n'en veux pas.

FURSTEMBERG.

Vous êtes généreux!

ANGO.

Avons-nous donc, vous ou moi, consulté la France pour savoir si le marché serait de son goût?... Oh! oui, sûrement Henri VIII et Charles-Quint riraient fort si le marchand Ango, en querelle avec François, leur donnait les clefs de son pays, et leur disait : Entrez, messieurs, entrez, vengez-moi!... Mort et enfer!.... J'appellerais ici Gallies, mon matelot, et je mettrais ma tête sous sa hache d'abordage, si jamais une pareille idée pouvait passer dans mon cerveau..... Séparons la France du roi, monsieur : elle et lui n'ont rien de commun ensemble!

FURSTEMBERG.

Mais vous n'y pensez pas.... Vous venez tout à l'heure de déclarer de votre chef la guerre au Portugal, et tout à l'heure vous avez outragé le roi dans la personne de son officier; vous voilà deux fois coupable de lèse-majesté : vous voilà perdu!

ANGO.

Laissez faire!... laissez faire!... si sa majesté n'est pas contente, le marchand Ango et le roi François auront à faire l'un à l'autre.

FURSTEMBERG.

Ainsi, vous refusez ?

ANGO.

De tout mon cœur !

FURSTEMBERG.

Alors, je n'ai plus qu'à me retirer.

ANGO.

Oh ! vous pouvez rester, je ne vous en veux pas pour cela... Vous n'êtes pas Français... De pays différens, nous voyons de manières différentes : voilà tout ! Restez donc ; je n'en suis pas moins reconnaissant de ce que vous avez fait pour moi.

SCÈNE VII.

ANGO, FURSTEMBERG, GALLIES, LES COMMIS D'ANGO, MATELOTS, OUVRIERS, etc. ; LE LIEUTENANT D'AMIRAUTÉ, devenu capitaine.

GALLIES, aux Matelots.

Allons, ici, vous autres, et de l'action ! Le vent se lève, la mer monte, dépêchons-nous !

LE PREMIER COMMIS, à Ango.

Maître, voici le livre des engagemens !

LE SECOND COMMIS.

Maître, voici de l'or pour payer les avances !...

ANGO.

C'est bien !... Inscrivez et payez !

(Gallies apporte le maître pavillon. — Inscription et paiement des avances. — Joie des matelots. — Musique, chœurs et canon. — Gallies tient le pavillon d'Ango, lequel pavillon est bleu, avec un écusson d'argent portant un lion marchant de sable. Pendant la musique, Ango entretient à voix basse les principaux officiers de sa flotte.)

ANGO, son drapeau à la main.

Je vous confie ce drapeau, mes enfans ! c'est avec lui que nous avons fait de Dieppe la première ville maritime du monde ; c'est avec lui que vous assiégerez Lisbonne ; c'est lui qui brillera aux mâts de vos vaisseaux, quand vous les rangerez en travers du Tage ; c'est lui qui marchera devant vous, lorsque, dans votre course furieuse, vous irez achever d'abattre et de brûler, sur terre, ce que vos boulets n'auront pu atteindre... Les Portugais ont assassiné vingt-deux de vos frères, mes amis ! C'est votre sang qu'ils ont versé, que vos représailles soient terribles !... Rendez-leur au centuple le deuil qu'ils vous ont fait porter ! que le nombre et la force, ne vous effraient point !... Devant vous tombera le courage, devant vous se dissiperont les armées ; car vous allez exercer une juste vengeance, peuple de Dieppe, faire à vous-même une réparation que les rois vous ont refusée, et Dieu combattra avec vous contre les rois... Jurez donc tous de vivre et de mourir pour l'honneur de ce pavillon !... Ango vous le donne, la patrie vous regarde... Jurez ! jurez !...

TOUS.

Vaincre ou mourir !... Nous le jurons !

(Le brouillard se dissipe et laisse apercevoir la flotte prête à appareiller ; coups de canon.)

FURSTEMBERG.

Le citoyen m'échappe : mais l'homme me reste..... Attendons !

ANGO.

Aux navires ! aux navires !

TOUS LES MATELOTS.

Aux navires !

FIN DU SECOND ACTE.

ACTE III.

Le château d'Ango, à Varengeville-sur-Mer.

(TROIS MOIS APRÈS.)

(Une salle de la renaissance inachevée. Au fond un grand encadrement vide et prêt à recevoir une fresque. Echafaudages de peintres et de sculpteurs, panoplies, tentures, modèles, etc.)

SCÈNE PREMIÈRE.

FURSTEMBERG, FRÉDÉRIC.

FURSTEMBERG.

Enfin te voilà, Frédéric, je n'espérais plus te voir.

FRÉDÉRIC.

Mon nouveau service... auprès de sa majesté...

FURSTEMBERG.

Eh bien?... quelles nouvelles?

FRÉDÉRIC.

On brûle toujours beaucoup de monde, la sainte inquisition marche.

FURSTEMBERG.

Ah!... et le roi?... le roi! toujours heureux, toujours joyeux, n'est-ce pas?

FRÉDÉRIC.

Oui, et fort impatient de vous revoir et regrettant beaucoup que votre mauvaise santé vous retienne si long-temps au bord de la mer... Au reste, il vous a écrit lui-même... Tenez... (Il remet au Comte un paquet.)

FURSTEMBERG, ouvrant le paquet, en tire un anneau d'or l'examine, puis lit ce qui suit.

« Cher Comte,

« Nous n'avons pu conserver la belle provinciale que « nous avons eu tant de peine à prendre. Au moment « même où elle nous semblait le plus soumise aux douces « violences de notre passion, elle s'est échappée sans nous « dire adieu, la récalcitrante, l'ingrate, à qui nous avions « donné notre plus précieux gage d'amour, une magni- « fique bague mexicaine... que nous regrettons fort main- « tenant et qui nous venait d'une femme bien aimée, « Furstemberg. Comment expliquer cette fuite capri- « cieuse?... Comme dans cette conquête, nous n'avons « jamais été sûr d'une victoire de bon aloi, comme nous « y avons usé peut-être de plus de contrainte et de ruse « que Marie d'amour et de bonne volonté, nous n'osons « attribuer le nouveau coup de tête de la belle à la jalousie « de s'être vu associer une petite féronnière depuis un « mois. Nous n'étions pas assez aimé pour cela, qu'en « pensez-vous? »

Je pense que cette femme n'était pas jalouse de toi, sire, et qu'elle n'aimait vraiment que son mari.

« Quoi qu'il en soit, si elle est retournée à Dieppe, tâ- « chez de la voir, de lui parler pour nous, en lui ren- « dant, de notre part un anneau d'or, auquel elle tenait « comme à sa vertu, et que nous lui avons pris un jour, « presque malgré elle, en échange de notre bague. »

« Sur ce, je prie Dieu, mon cher Comte, qu'il vous « ramène bientôt, et qu'il vous ait en sa sainte garde !

« Votre ami, FRANÇOIS. »

« P. S... Cette lettre vous trouvera sans doute à Varen- « geville, dans ce château que le marchand Ango se fait « bâtir splendidement, à quelques lieues de Dieppe. Sur- « veillez toujours cet homme !... » Déchirons ce postcriptum. (Il déchire le bas de la lettre.) C'est bien, Frédéric !... Et quand pensez-vous repartir ?

FRÉDÉRIC.

Je suis venu à Dieppe en même temps que plusieurs personnes de la cour. Je m'en retournerai avec elles, ou avant, si vous le voulez.

FURSTEMBERG.

Je te verrai ce soir. Adieu. (Frédéric sort.)

SCÈNE II.

FURSTEMBERG, seul.

Partie !... où est-elle ?... comment savoir... Depuis quelque temps Gallies fait le mystérieux... si je l'interrogeais !... il ne me dirait rien ; il se défie de moi... Peut-être aussi qu'Ango... Mes peines seraient-elles perdues ? Le milan que j'ai lancé sur toi, roi de France, laisserait-il échapper sa proie ?... Oh ! non... non... cela ne sera pas.

(Pendant ce monologue, Gallies est entré ; il a fermé derrière lui une porte latérale, et avant de la fermer, il fait des signes avec la main, comme si quelqu'un se trouvait là. En se retournant, il aperçoit le Comte, et cherche à s'esquiver sans être vu ; mais le Comte qui a surpris ses mouvemens, fait volte-face et lui barre le chemin.)

SCÈNE III.

FURSTEMBERG, GALLIES.

FURSTEMBERG.

Vous êtes bien matin à Varengeville, maître Gallies!

GALLIES.

Mais oui, comme vous voyez, monsieur le comte.

FURSTEMBERG.

Vous êtes venu de Dieppe, cette nuit?

GALLIES.

Non... j'arrive.

FURSTEMBERG.

Ah!... Et Ango?... que fait-il?... comment va-t-il?... je l'ai quitté, hier, bien souffrant.

GALLIES.

Il est comme vous l'avez quitté hier... Au reste, vous allez le voir... Il doit être en chemin pour venir; je vous salue, monsieur le Comte!

FURSTEMBERG, le retenant.

Dites-moi donc, mon cher Gallies... Eh bien, mais il y a du nouveau?

GALLIES.

Du nouveau!.. Quoi donc?

FURSTEMBERG.

Comment!.. Est-ce que vous ne savez pas?

GALLIES.

Qu'est-ce que je ne sais pas?

FURSTEMBERG.

Votre maîtresse, Marie d'Estouteville, est revenue.

GALLIES, brusquement, et pour cacher son trouble.

Laissez-moi donc tranquille... Vous faites toujours des histoires, vous.

(Il s'en va. Léonard entre, suivi des peintres qui regardent les échafaudages du fond. Deux portent des couleurs, une toile, qu'ils vont placer mystérieusement dans la coulisse du côté opposé.)

SCÈNE IV.

FURSTEMBERG, LÉONARD DE VINCI, Elèves.

FURSTEMBERG.

Elle est ici!.. J'en suis sûr maintenant... que Frédéric en porte la nouvelle au roi, et ne quittons plus Ango.

(Il sort.)

SCÈNE V.

LÉONARD DE VINCI, Elèves, GALLIES.

GALLIES, rentrant.

Il est parti, l'Espagnol!.. bon... il aurait bien voulu me faire jaser. mais en homme courageux... j'ai fui devant le danger... et il ne sait rien. (A Léonard de Vinci.) Eh bien, maître Léonard, avez-vous fini, hein?

LÉONARD.

Oui, mon ami.

GALLIES.

Est-ce bien ressemblant?

LÉONARD.

Je crois qu'oui... Regardez...

(Il lui fait voir la toile que ses élèves ont apportée et qui est accrochée dans la coulisse hors de vue du spectateur.)

GALLIES, battant des mains.

Oh! comme c'est bien! on dirait qu'elle va parler... (Il prend la main de Léonard et la serre affectueusement.) Vous êtes un brave homme, vous. A la bonne heure, vous ne voulez de mal à personne, et même à l'occasion, vous ne refusez pas un coup de main, quand il faut faire du bien aux autres! Ce n'est pas comme ce maudit Espagnol.

LÉONARD.

Qu'est-ce qu'il vous a fait encore ce maudit Espagnol? voyons!

GALLIES.

A moi? rien.

LÉONARD.

Alors, pourquoi lui en vouloir? pourquoi le tant maltraiter?

GALLIES.

Je n'attends pas qu'un loup m'ait mordu pour dire que c'est une méchante bête.

LÉONARD.

Mais Ango tarde bien à venir aujourd'hui. Aurait-il eu connaissance de notre projet?

GALLIES.

Oh non! c'est que la course est bonne... deux grandes lieues... et le cheval, c'est plus dur qu'un navire... Vous verrez comme il est changé ce pauvre Ango!... il vous fera peur... le chagrin le tue... c'est ce damné voyage de Paris qui l'a dérangé de la tête aux pieds. Il n'est plus le robuste et joyeux matelot, le compagnon de Gallies. Il ne va plus sur le port. Il aime les arts, comme vous dites vous autres, il met le nez dans des livres. Je ne le reconnais plus. Il aimait tant sa femme, et puis il a un autre tourment encore. Lui si brave et si ardent au combat, vous le connaissez plus brave et plus ardent que moi peut-être, il se voit forcé de languir ici loin de sa flotte, et moi comme lui, maître Léonard. Ah! mon Dieu, oui, nous sommes obligés de nous croiser les bras, en attendant à Varengeville, pendant que les autres se battent à Lisbonne. Il faut que nous soyons là, il n'y a pas à dire, pour répondre de notre expédition, sur notre tête, au roi de France. Le poste, comme vous voyez, n'est pas moins dangereux ici que là-bas. Eh bien! l'inquiétude qu'Ango a de sa flotte, le chagrin de son amour, l'inaction de cette solitude, tout cela le rend fou, malade. Ah! maître Léonard, je n'aurai bientôt plus d'ami.

LÉONARD.

Allons, allons, rassurez-vous, nous le sauverons.

GALLIES.

Mais, tenez, je l'entends.

LÉONARD.

Vous l'avez prévenue, elle?

GALLIES.

Oui... elle est là.

LÉONARD.

C'est bien, tenez-vous près de moi. Quand je verrai le bon moment, je vous ferai signe.

GALLIES.

Maintenant... que Notre-Dame de Bon-Secours nous soit en aide, et je lui brûlerai vingt cierges dans sa chapelle de Saint-Jacques! (Apercevant Furstemberg.) Toujours cet homme avec lui...

SCÈNE VI.

Les Précédens, ANGO, s'appuyant sur le comte de FURSTEMBERG, Cortége d'Architectes, de Peintres et de Sculpteurs.

ANGO, aux Artistes.

Oui... oui... je commence à comprendre cela... on trouve dans les arts de grandes consolations... la dépense distrait... le luxe enivre... c'est bien... c'est très bien, messieurs. Je vous remercie d'avoir bien voulu quitter pour moi vos nobles patrons de Venise et de Florence. Grâce à votre généreux concours, le nom d'Ango pourra s'associer dans l'histoire au nom de Médicis, et quelque jour peut-être les Dieppois, en admirant les chefs-d'œuvre dont vous aurez doté leur ville, diront : Bénie soit la mémoire d'Ango, le marin! Venise régnait sur la mer; Ango trouva le trône trop vaste pour une seule reine, il fit asseoir Dieppe à côté de Venise. Car ce n'est pas le palais d'un homme que vous bâtissez, messieurs, c'est plus que le palais d'un roi, c'est le palais d'une ville. Qu'il soit donc magnifique! Architectes, peintres et sculpteurs, que vos talens y entassent prodiges sur prodiges. Les trésors d'Ango le marchand vous sont ouverts, la reconnaissance et l'amitié des Dieppois vous sont acquises.

LÉONARD.

Allons, messieurs, à l'ouvrage.

(Les artistes s'inclinent et disparaissent dans les échafaudages. Ango prenant la main à Gallies et au Comte, descend avec eux vers la rampe.)

ANGO.

Oh! que je voudrais leur avoir dit la vérité, mes amis,

mes seuls, mes vrais amis. Mais non! tout ce luxe, tout cet éclat, toutes ces merveilles ne me consolent pas. Au plus fort de cet éblouissant tourbillon, j'oublie les envieux, les jaloux, toujours debout à mes côtés; je deviens sourd à la calomnie, répandant sur moi ses fables absurdes et méchantes; je méprise la rage impuissante des marchands, misérable tourbe d'égoïstes et de niais à qui l'on dirait vraiment que je prends leurs maisons pour m'en édifier un palais... Mais ce que j'ai là d'inquiétude et de désespoir résiste bien autrement aux productions de l'art, aux inspirations du génie. Pas de nouvelles de Lisbonne, mon cher Furstemberg! Et demain, peut-être, la voix sévère de toute une ville va me demander compte de ses enfans égorgés, de sa marine anéantie; demain doublement dénoncé aux prudhommes et aux juges de l'amirauté, condamné pour avoir perdu ma flotte et pour l'avoir armée sans permission royale, il faudra que je fuie; demain, moi, le plus grand de la ville, j'en serai le plus petit; mes amis me haïront, mes ennemis me mépriseront, car j'aurai cessé d'être utile ou dangereux. Que ferai-je alors? où irai-je, dites?

FURSTEMBERG.

Il y a vingt lieues d'ici en Angleterre, mon cher Ango!

ANGO.

Quitter la France!... émigrer chez des Anglais!

FURSTEMBERG.

Les honneurs et la fortune vous suivront partout.

ANGO.

Et la patrie, comte de Furstemberg, la patrie me suivra-t-elle aussi? Non! je ne serai ni transfuge ni proscrit, je dirai à mes concitoyens : Les Portugais avaient pris un navire de Dieppe et massacré son équipage, je suis allé demander justice au roi. Le roi m'a refusé justice... alors, j'ai voulu vous la faire moi-même; je n'ai pas réussi... Je vous apporte ma tête : vengez-vous!

GALLIES.

Et moi, il faudra donc que j'y aille aussi?

ANGO.

Pourquoi cela, frère?

GALLIES.

Tu m'appelles ton frère, et tu me demandes pourquoi?

ANGO.

Fidèle comme l'ombre au corps, comme le sillage au vaisseau, mon brave Gallies.

GALLIES.

Est-ce qu'il y a du bon sens de te chagriner comme cela?... Ne dirait-on pas que tout est perdu?.. Je te parie que nous avons brûlé Lisbonne à présent; et quand même!.. tu as payé comptant les navires et les hommes; on n'a pas un bout de bitors, ni un cheveu de matelot à te réclamer... Mais, regardez donc comme le voilà devenu!.. Lui qui était solide sous le vent autant qu'un caraque, un mousse de cabotage lui ferait peur!.. Il veut mourir à cette heure... A-t-on jamais vu?

ANGO.

Celui qui souffre doit supporter la vie, et même la défendre, quand il a une mère... quand il a une... famille... Mais, dis-moi, Gallies, si je mourais demain, excepté ta mère et toi, par qui serais-je pleuré?... Naguère encore, il existait pour moi, ce lien sacré qui attache l'homme à son fardeau; il est brisé maintenant : ma mère est morte... Marie est... morte aussi, car je l'ai pleurée comme ma mère. Et la charge reste bien lourde, mes amis!

GALLIES, s'essuyant les yeux

Allons, je te dis que tu perds la tête !...

LÉONARD, qui a entendu les dernières paroles d'Ango, s'avance, et montre le fond du théâtre.

Maître, j'attends mon tour... N'avez-vous pas quelques minutes à me donner?

ANGO, revenant à lui.

Vous attendiez !.. Vous, Léonard de Vinci, vous, qui avez quitté pour moi Fontainebleau et le roi de France, vous attendiez !.. Ah ! pardon, pardon, mon père... Je vous suis. (Ils remontent la scène.)

GALLIES, à part.

Je tremble comme si j'allais faire un mauvais coup, et puis toujours l'Espagnol ici. (Il indique Furstemberg.)

ANGO, à Léonard.

Eh bien ! avez-vous enfin trouvé un sujet pour la fresque qui vous manque?... (Il montre l'encadrement vide.) Il me tarde que votre galerie soit achevée...

LÉONARD.

J'ai mon esquisse, que je crois bonne ; voulez-vous la voir?

ANGO.

Très volontiers !... (Léonard le conduit vis-à-vis du tableau que cache la coulisse.) Ah !... (Il regarde long-temps, et d'une voix tremblante.) Qu'est-ce que... qu'est-ce que cela, maître Léonard? Où donc avez-vous vu cette femme?

LÉONARD.

C'est la réconciliation du comte Antoine de Mortemart et de sa femme, Louise des Ursins... une anecdote diepoise du temps des croisades.

ANGO.

Ah ! Et vous la savez?

LÉONARD.

Oui !..

ANGO, à part.

Voilà bien son front, ses yeux. C'est elle, elle-même, c'est Marie !

GALLIES, à Léonard.

Parlez donc.

LÉONARD.

Au retour de la Terre-Sainte, Antoine croyant sa femme infidèle, la poignarda, et s'enfuit en Angleterre. Au bout d'un an, il eut la preuve incontestable qu'il s'était trompé. Alors, il revint à Dieppe et fit élever à sa victime un mausolée magnifique, auprès duquel il allait pleurer toutes les nuits... Bientôt il tomba malade de chagrin, et celle qu'il regrettait si amèrement vint à son tour veiller à côté de lui... Le poignard ne l'avait pas tuée. La veuve d'un pêcheur l'avait recueillie et cachée après sa blessure... J'ai choisi le moment où le comte malade, revenant à lui, après un long délire, regarde et reconnaît la personne qui lui donne des soins.

ANGO, après avoir écouté attentivement.

Elle était innocente... et il avait voulu la tuer... la tuer... Oh ! oui, je comprends bien cela, moi. (Il regarde encore.) Et en se réveillant, il la trouva, la pauvre femme, agenouillée à ses côtés... Et moi, quand hier encore, étendu sur ma couche brûlante, j'appelais la mort à grands cris, moins heureux qu'Antoine de Mortemart, je n'avais personne pour me dire d'une voix consolante : Prends courage !.. prends courage !

(Il tombe épuisé dans un fauteuil, en se cachant le visage.)

LÉONARD, à Gallies.

Voici le moment !.. allez !..

(Gallies sort.)

ANGO.

Oh ! Marie ! Marie ! (Il pleure.)

SCÈNE VII.

ANGO assis, la tête dans ses mains, LEONARD DE VINCI, LE COMTE DE FURSTEMBERG, MARIE, conduite par GALLIES.

FURSTEMBERG, à part, au fond du théâtre.

C'est donc pour cela que maître Gallies était si affairé!

MARIE, à part, regardant Ango.

Le voilà!.. Je suis devant mon juge... Il faut que je lui avoue ma faute... que je lui dise!... Oh! je n'oserai jamais...

GALLIES.

Allons, allons... n'ayez pas peur!.. Vous savez bien comme il est bon!... (Il la fait approcher.) Voyons, ne tremblez pas si fort!

(Marie s'agenouille devant Ango, Léonard frappe sur l'épaule d'Ango, et lui montre Marie.)

ANGO ayant levé les yeux, trouve sa femme a genoux devant lui, les mains jointes; il la regarde quelques instans sans pouvoir parler; puis, il se lève, lui tend les bras pour la relever et la tient serrée sur son cœur. Léonard sort.

Est-il possible!... O mon Dieu, tu me la rends!... C'est elle! Marie, mon ange, ma bien-aimée... je te vois!... (Il la couvre de baisers.) Tu ne m'as donc pas abandonné?.. Tu reviens! tu m'aimes... Oh! parle-moi! parle-moi!

MARIE, dans le plus grand trouble.

Pitié! pitié pour moi!.. Si vous saviez!.. Malheureuse que je suis...

ANGO.

Eh bien, oui!.. Ils t'auront tendu quelque piége infâme, les misérables!.. ils auront voulu te perdre, t'enlever à moi!.. Mais tu leur as résisté... tu t'es sauvée de leurs mains... tu me reviens... Sois bénie!

GALLIES.

Que je suis heureux.

MARIE.

Suis-je digne de tant de bonté, mon Dieu ?

ANGO.

Oh ! que j'ai souffert, Marie !.. Ne plus te voir, toi, ma compagne, mon amour, mon bonheur !.. Te croire coupable ! car je t'ai supposé des crimes, car je t'ai maudite dans mon âme... je voulais mourir... J'étais devenu fou... Ne pleure pas !.. ne pleure pas !.. Etait-ce ta faute, dis ?.. Mes amis, mes amis, Gallies, Furstemberg, venez ! Je suis fort à présent, je n'ai plus peur... j'ai du courage... je suis si heureux !.. (Le Comte s'approche.) Tiens, Marie, c'est le comte de Furstemberg, tu le connais... tu l'as vu à l'hôtellerie des Trois-Couronnes... tu t'en souviens ?

FURSTEMBERG.

Oh ! madame ne doit pas me reconnaître... nous nous sommes vus si peu !

MARIE, en voyant le Comte, devient pâle et tremblante.

C'est vrai !.. c'est vrai !.. Je ne reconnais pas monsieur... Ah !... Je suis perdue !

(Elle tombe évanouie sur la poitrine d'Ango.)

GALLIES.

Qu'est-ce que j'ai fait là, mon Dieu ?

ANGO, après avoir long-temps promené ses regards autour de lui.

Emmène-la, Gallies, emmène-la !

(Gallies et Marie sortent.)

SCÈNE VIII.

ANGO, Le Comte DE FURSTEMBERG.

ANGO, au Comte, qui paraît vouloir sortir.

Restez !... Oh! dites-moi, je vous en prie, dites-moi, c'est donc un rêve horrible que j'ai fait... je suis donc le plus insensé de tous les hommes? Je la tenais dans mes bras, cette femme; à mes paroles d'amour et de bonheur je la voyais s'attendrir et pleurer; je sentais son cœur répondre aux battemens du mien... Je vous ai appelé pour que vous partagiez ma joie... A votre aspect, elle est devenue froide et tremblante; elle est tombée frappée de la foudre... Vous avez donc une bien abominable histoire à me raconter d'elle?.. Parlez! parlez!... Je veux tout savoir.

FURSTEMBERG.

Vous lui avez pardonné, mon ami..... vous avez été bon et généreux envers elle. Oublions tout cela!

ANGO.

Comte de Furstemberg, j'ai été pour vous un hôte bienveillant, un ami dévoué; je vous ai mis de tous mes secrets, je vous ai fait lire couramment dans mon âme.... comte de Furstemberg! (Il arrache une dague d'une panoplie servant de modèle aux peintres.) Dites-moi tout ce que vous savez sur cette femme, ou je jure Dieu que vous ne sortirez pas vivant d'ici!

FURSTEMBERG, avec la plus grande tranquillité.

Je vous l'ai déjà dit, mon cher Ango; vous l'avez donc oublié?

ANGO, tombant sur un siége.

Ah! oui! c'est vrai... au bal tandis que je mordais mes

chaînes... au bal tandis que le bûcher s'allumait... Toute la nuit! toute la nuit! et le lendemain pas de nouvelles... et pendant trois mois pas de nouvelles! Oui... voilà ce qui est vrai. Le mensonge, c'est ce tableau expliqué par le peintre... Bon vieillard, ils l'auront trompé comme moi... Pourtant... oh! c'est une horreur, car je ne la demandais pas, moi, je ne l'appelais pas. Elle est venue me voler sa grâce, je la lui ai laissé prendre, sans même penser à lui crier : Mais dis-moi donc ton crime avant que je te le pardonne! (Se relevant.) Mais, non! non! c'est vous... c'est vous qui avez menti, comte de Furstemberg, c'est vous qui avez imaginé tout cela pour me pousser à la révolte, à la trahison, pour faire de moi l'instrument de votre affreuse politique. Quand je vous dis que j'ai senti des larmes sur mon visage!

FURSTEMBERG, lentement.

Il le faut donc? (Il tire de son sein l'anneau qu'on lui a remis au commencement de l'acte.) Regardez! vous connaissez cela? Demandez à Marie comment cet anneau n'est plus à son doigt.

ANGO.

Son anneau de mariage! Oh!... Eh bien! après tout... cet anneau ne signifie rien... ne peut-elle pas l'avoir perdu?... On le lui aura volé peut-être!

FURSTEMBERG.

Et cette lettre?...

ANGO, après avoir pris la lettre et hésité un moment, la froisse et la déchire.

Tenez! tenez! je ne veux plus rien savoir... Ne me dites plus rien! ne me parlez jamais d'elle... Vous aviez raison... tout à l'heure... je lui ai pardonné... Il faut oublier tout cela... Voulez-vous donc que je la chasse, dites? quand c'est peut-être la misère, la faim qui l'ont ramenée ici... Il ne faut pas être impitoyable, non plus... Qui sait? le repentir viendra... la reconnaissance... l'amour, peut-être!... Oh! vous détournez la tête, vous me trouvez faible et méprisable... je l'aime tant!... Ne me quittez pas, comte de Furstemberg, car je suis au désespoir, car je me tuerais... et je serais déshonoré... et mes ennemis diraient que j'ai eu peur.

FURSTEMBERG.

Calmez-vous!... calmez-vous!... on vient.

SCÈNE IX.

LES PRÉCÉDENS, DÉPUTATION DES NOTABLES DE DIEPPE, LÉONARD DE VINCI et les autres ARTISTES, GALLIES.

LE MARCHAND NOTABLE.

Ango, un courrier de Lisbonne est arrivé à l'Hôtel-de-Ville.

ANGO, à part.

Tout est perdu!

LE NOTABLE.

Ta flotte triomphante a vengé l'honneur du nom dieppois.

GALLIES.

Je l'avais bien dit.

LE NOTABLE.

La fière capitale des Portugais a baissé ses drapeaux devant ton pavillon. Au nom de leur ville, les notables de Dieppe te remercient. Ils te proclament le premier, le plus grand d'entre eux; et, pour récompenser dignement l'éclatant service que nous a rendu ton génie, ils te nomment par ma voix commandant du château et gouverneur de la cité, sauf l'approbation de notre bien-aimé monarque.

ANGO, à part.

Ta justice est grande, ô mon Dieu ! après l'affront tu m'envoies la vengeance. (Aux Notables.) Nos braves matelots ont fait leur devoir, messieurs; ils ont glorieusement soutenu la renommée de notre patrie, ils nous ont donné l'empire des mers; c'est en leur nom que je reçois vos remercîmens. Vous m'avez jugé digne de vous commander, je suis fier de cette distinction, et je l'accepte, quand même. Le libre suffrage d'une ville, qui se choisit un chef, s'impose un trône et n'en relève pas.

LE NOTABLE.

Sur ton acceptation, nous devons déposer à tes pieds les clefs de la ville et du château.

(Deux notables s'approchent, portant les clefs sur des plats d'argent. Ils vont s'agenouiller.)

ANGO.

Debout, messieurs, debout!... c'est à celui qui reçoit le commandement de s'incliner devant ceux qui le donnent.

(Il touche les clefs en s'inclinant.)

TOUS LES NOTABLES.

Vive Ango !

LÉONARD.

O Médicis! Médicis! cet homme est plus grand que vous. (Entrent les hérauts d'armes. Fanfares de triomphe.

UN HÉRAUT.

A toi, Ango le marin, citoyen de Dieppe !

Le très haut et très puissant seigneur François Ier, roi de France, duc de Normandie, t'annonce que nous amenons en ta présence l'illustrissime don Francisco Paez, ambassadeur de sa majesté très fidèle, Jean, troisième du nom, roi de Portugal et des Algarves, pour qu'il ait à te demander, au nom de son souverain, pardon de l'insulte faite à l'un de tes navires, et pour qu'il te plaise, sur sa supplique, de faire lever le blocus de Lisbonne maintenant assiégé par ta flotte.

ANGO, à part.

Ah! roi de France! je ne suis plus ce fou dont la jaquette devait habiller Triboulet. (Aux hérauts.) Je recevrai l'ambassadeur du Portugal.

LE HÉRAUT.

Le jour et l'heure?

ANGO.

Aujourd'hui... à l'instant... (Aux Notables.) Vous serez présens, messieurs? (A Léonard de Vinci.) Vous me demandiez un sujet de fresque, maître Léonard de Vinci.... soyez donc témoin, et reproduisez ce qui va se passer ici. (Aux artistes.) Allons, messieurs, il s'agit de nous arranger un trône... à l'œuvre!... Il ne faut pas trop faire attendre M. l'ambassadeur, c'est un suppliant, un pauvre homme qui demande merci. Allons, un peu de bois, de velours et d'or, vite un trône!

(Les architectes et peintres élèvent à la hâte un trône improvisé. Musique.)

GALLIES, à Léonard qui s'apprête à dessiner la scène.

Comme c'est vite fait un trône. Ça ne doit pas être plus difficile à jeter bas qu'à mettre debout, n'est-ce pas, maître Léonard?

(Ango monte au trône et s'assied. Furstemberg est debout à la droite d'Ango. Gallies, sur un signe d'Ango, vient se placer à la gauche.

SCÈNE X.

Les Précédens, Les Suivans de l'Ambassadeur, tous en costumes magnifiques et portant des cassettes pleines de présens. L'AMBASSADEUR de Portugal.

(L'Ambassadeur se tient debout, la tête couverte, devant le trône d'Ango; derrière l'ambassadeur, sa suite. Près du trône, les notables; au fond du théâtre les hérauts d'armes. En regard de tous, Léonard de Vinci un carton et un crayon à la main, esquissant la scène.)

L'AMBASSADEUR.

Au nom de mon gracieux souverain, Jean, troisième du nom, grand-maître d'Avis, roi de Portugal, de l'Estramadure et des Algarves, duc des Tempêtes, empereur du Brésil, défenseur de la foi, moi, don Francisco Paez de Salvaterra, duc d'Abrantès, marquis de Santarem, commandeur d'Almada, je viens offrir à Ango le marin toute indemnité qu'il pourra exiger à cause du dommage fait à sa marine par la marine portugaise.

ANGO.

Si j'ai bien compris, monsieur l'ambassadeur, votre maître m'offre de l'argent?

L'AMBASSADEUR.

La somme à laquelle vous estimerez le tort qui vous a été causé.

ANGO, vivement.

Et le sang de mes compatriotes, versé par vos pirates portugais, avez-vous assez d'or pour le payer, dites? Je donne aux pauvres de Dieppe ce que vous m'apportez pour mes navires à moi; je demande cent mille écus d'or pour mes matelots. Maintenant il faut une réparation à la ville que vous avez outragée dans ma personne : il la faut telle que cette ville va vous la demander par ma bouche. Gallies, prie M. l'ambassadeur de te remettre son épée.

L'AMBASSADEUR.

L'épée d'un noble Portugais !

ANGO.

Non pas, monsieur, l'épée de sa majesté très fidèle.

GALLIES, à l'Ambassadeur.

Allons donc ! un peu d'action.

(L'Ambassadeur donne son épée. Gallies va la poser sur les genoux d'Ango.)

ANGO.

Maintenant, noble Portugais ! à genoux et le front découvert, criez-moi grâce et merci, ou je jure Dieu que votre roi, Jean troisième, n'aura plus de palais à Lisbonne.

GALLIES.

Ça doit être drôle un roi qui déménage.

L'AMBASSADEUR.

Mon genou ne peut fléchir que devant un souverain.

ANGO, avec fierté.

Ma flotte n'a-t-elle donc point la voix haute comme une une flotte de roi ou d'empereur ? ne suis-je point assis sur un trône ? n'ai-je point une cour autour de moi ? Votre dignité ne dérogera pas, monsieur ; à genoux donc ! et sauvez au Portugal la peine de rebâtir sa capitale.

(L'Ambassadeur, après avoir consulté sa suite, se découvre et s'agenouille.)

GALLIES, lui poussant l'épaule.

Plus bas donc ! plus bas ! faisons bien les choses.

L'AMBASSADEUR, à voix basse.

Grâce et merci pour Lisbonne. C'est le vœu de mon maître.

ANGO.

C'est bien, monsieur. Le blocus de Lisbonne sera levé. On va vous rendre votre épée.

(Gallies rend l'épée à l'ambassadeur.)

LE HÉRAUT.

Et maintenant, notables et seigneurs, nous vous faisons savoir que sur le pardon accordé par Ango, il sera dressé un traité de paix et d'alliance entre la France et le Portugal. Le roi, notre seigneur, viendra le signer en personne dans la maison d'Ango, si toutefois le maître y consent.

TOUS.

Vive le roi!

ANGO, se mordant les lèvres.

Le roi dans ma maison, le roi ici... Que sa volonté soit faite.

FURSTEMBERG, à Ango.

Vous ne répondez pas?

ANGO, à Léonard de Vinci.

Combien vous faut-il de jours pour finir cette galerie, maître Léonard?

LÉONARD DE VINCI.

Quinze jours.

ANGO, au Héraut.

Dans quinze jours nous recevrons sa majesté le roi de France.

FURSTEMBERG, avec joie.

Enfin!

FIN DU TROISIÈME ACTE.

ACTE IV.

(Le château d'Ango à Varengeville.)

(QUINZE JOURS APRÈS.)

La galerie du troisième acte, mais achevée superbement avec la fresque représentant la scène de l'ambassadeur du Portugal. Au premier plan du décor, à droite, bien en vue, est une petite porte à vitraux coloriés.

SCÈNE PREMIÈRE.

FURSTEMBERG, seul, entrant précipitamment.

Le roi est ici, enfin!... Il n'en sortira pas vivant...... A son aspect, j'ai vu Ango trembler de rage. C'est à peine si sa bouche frémissante a pu s'ouvrir aux paroles de bienvenue qu'attendait le gracieux monarque... O vengeance si long-temps cherchée, je te tiens donc maintenant! Tu t'es sauvé de Madrid, François Ier, tu ne te sauveras pas d'ici... Le voilà!... continuons notre rôle; faisons bien les honneurs de Varengeville : Ango n'a pas osé s'en charger lui-même; il se serait trahi en présence du roi et de sa cour.

SCÈNE II.

FURSTEMBERG, LE ROI, SUITE.

LE ROI.

En vérité, c'est une honte, comte de Furstemberg; ce marchand me fait rougir et m'humilie, il m'écrase. Il a un palais beau comme Chambord et plus fort que Vincennes... Des peintres que j'avais demandés à ma cour n'y sont pas venus, parce qu'il les payait plus que moi; des statuaires ont laissé mes royales galeries encombrées de blocs informes, parce que le marchand Ango avait la fantaisie de voir sa face et son blason sculptés en marbre. Il m'a fait traverser, en venant ici, un vestibule pavé d'argent, entre deux haies de ses gardes plus noblement habillés que les seigneurs de ma cour. Il m'a promené en mer au pied de son château, sur une gondole dorée jusqu'à la quille, tendue de velours à broderies qui traînait dans l'eau, et derrière cette gondole, j'en ai compté douze aussi riches qu'elle. Le camp du drap d'or n'était pas plus splendide, foi de gentilhomme!

FURSTEMBERG.

C'est vrai, sire; je crois qu'Ango aurait assez de trésors pour acheter un trône s'il voulait.

LE ROI.

Un trône!

FURSTEMBERG, *montrant la fresque, où la scène de l'ambassadeur est peinte.*

Regardez, sire; il s'y est assis déjà. Un jour viendra, j'en suis sûr, où l'or sera la seule puissance humaine, où tous les droits pourront s'acheter, où magistrats, prêtres et nobles n'auront d'action que par la richesse. Alors, les hommes prendront pour roi celui qui aura le plus d'argent : alors, sire, les couronnes et les peuples seront des objets de commerce que l'on vendra publiquement sur le marché du monde, comme aujourd'hui les femmes à la cour et les pardons à l'église.

LE ROI, regardant toujours la fresque.

Comment! c'est ainsi que ce pauvre ambassadeur a été reçu, et personne ne s'en est plaint!

FURSTEMBERG.

Et qui donc eût osé se plaindre? La ville tout entière est maintenant inféodée au puissant Ango. Ceux qui ne l'aiment pas tremblent à sa voix. Le peuple en a fait son idole. Un signe de lui, et Dieppe soulevée en masse irait s'abattre demain sur Londres, sur Madrid, sur Paris, comme elle a été s'abattre sur Lisbonne.

LE ROI.

Et c'est là celui que j'ai méprisé, que j'ai traité de fou; j'ai eu la sottise de voir un nain dans ce géant; parce que le fleuve était détourné de son lit, je l'ai pris pour un ruisseau. Je veux m'assurer de cet homme, Furstemberg, sa tête me gêne; il faut que je me hausse pour la regarder. François Ier est en danger chez Ango, le marchand ne peut avoir oublié l'injure que le roi lui a faite.

FURSTEMBERG.

Vous vous trompez, sire : celle-là, le marchand ne se la rappelle plus; mais il en a reçu une autre qu'heureusement il ignore, car il ne la pardonnerait jamais.

LE ROI.

Que voulez-vous dire? (Aux gens de sa suite.) Nous vous rejoignons, messieurs...

(La suite sort, et les rideaux de la fresque, écartés au commencement de la scène, la recouvrent alors entièrement.)

FURSTEMBERG, d'un air sombre.

Votre majesté remplace si vite et si bien l'une par l'autre, que les dates et les noms doivent se brouiller dans sa tête... tous n'ont pas la mémoire aussi chargée... Le roi porte le deuil de ses maîtresses un jour, et c'est assez; mais le mari, mais l'amant à qui le roi vient de succéder, pleurent jusqu'au tombeau leur honneur ou leur amour perdu... Il y a quatre ou cinq mois, je fis aller au bal du palais des Tournelles une jeune femme tout fraîchement débarquée de province que votre majesté et moi avions rencontrée à Notre-Dame.

LE ROI.

Oui, oui!.... Marie d'Estouteville, une créature sublime, mon cher. Où est elle? Je donnerais toutes mes maîtresses présentes pour revoir celle-là une heure, une minute.

FURSTEMBERG.

Je vous croyais plus oublieux en amour...

LE ROI.

J'étais fou d'elle, je l'ai gardée trois mois, et puis un jour elle s'est enfuie... mais je vous l'ai écrit, à propos... Eh bien! quel air farouche vous avez pris!...

FURSTEMBERG.

Ne savez-vous pas, sire, que Marie d'Estouteville était la femme d'Ango?

LE ROI.

Sa femme!... sa femme!... Oh! la bonne plaisanterie!

FURSTEMBERG, à part.

Et ne pouvoir le tuer sur la place!

LE ROI, riant aux éclats.

Ah bien! je lui pardonne tout, à ce pauvre homme... C'était sa femme! Foi de gentilhomme, je n'en savais rien;

elle me l'a peut-être dit... oui, je crois, mais je n'y pensais plus; et, comme vous disiez tout à l'heure, mon cher comte, le nom s'est perdu dans la foule..... La femme d'Ango!... ah!... Brantôme, je te raconterai celle-là. Savez-vous ce qu'elle est devenue?

FURSTEMBERG.

Je l'ai vue ici le jour de la réception de don Francisco Paëz... depuis lors, elle vit fort retirée; vous la verrez, au reste, tout à l'heure, elle sera sans doute à la fête qu'Ango doit vous donner.

LE ROI, d'un air rêveur.

Elle lui aura tout dit, peut-être.

FURSTEMBERG.

Non... si elle eût parlé, vous le sauriez déjà.

LE ROI.

Comment cela?... par qui?

FURSTEMBERG.

Par Ango lui-même... Vous frémissez! Rassurez-vous, sire!... Il vous a reçu non pas en mari outragé, mais en sujet fidèle... C'est un marchand... il n'a pas l'éducation d'un homme de cour... il ne sait pas dissimuler... votre majesté peut être tranquille.

LE ROI.

C'est égal! vous êtes mon ami, Furstemberg; vous êtes venu ici pour me servir, n'est-ce pas? soupçonnant quelque nouvelle perfidie de mon frère Henri VIII, et connaissant la puissance d'Ango, vous avez surveillé cet homme, qu'une alliance avec l'Angleterre pouvait me rendre si dangereux... Vous avez peut-être sauvé ma couronne... peut-être maintenant allez-vous me sauver la vie?... Il faut que vous sachiez si le marchand est instruit des motifs qui ont tenu sa femme éloignée de lui pendant quatre mois.

FURSTEMBERG.

La maladie de sa vieille tante... il ne pense pas à autre chose...

LE ROI.

N'importe!... interrogez-le, étudiez-le! Il vous aime et n'a pas de secrets pour vous, m'avez-vous dit? si son âme renferme l'ombre d'un soupçon, cette nuit ne doit pas le trouver libre dans sa maison... je le ferai arrêter ce soir... à l'instant.

FURSTEMBERG.

Je ferai ce que désire votre majesté.

LE ROI.

Maintenant allons rejoindre nos amis... vous n'avez plus rien à me montrer de ce côté?...

FURSTEMBERG.

Il y a bien encore quelque chose ici... (Il montre la petite porte à vitraux.) Ce doit être rare et précieux, car lui seul entre là, et lui seul en tient la clef...

LE ROI.

Que pensez-vous qu'il y ait derrière cette porte?

FURSTEMBERG.

Je l'ignore... cette porte fait communiquer la galerie où nous sommes avec la tour de l'Est, partie du château extrêmement fortifiée, bâtie sur des rochers aigus, que la mer couvre à toutes les marées. Vous avez pu remarquer déjà cette tour, sire?

LE ROI.

En effet.

FURSTEMBERG.

Ce serait un bon retranchement en cas d'attaque. Ango aura mis là quelque trésor... ou des précautions de défense, peut-être... des armes... qui sait?

LE ROI.

Il faut lui demander à entrer là. Des armes!... oui, sans doute... c'est cela.

FURSTEMBERG.

Il ne le voudra pas.

LE ROI.

Je le lui demanderai moi-même.

FURSTEMBERG.

Prenez garde!... s'il voit que vous vous méfiez de lui, il sentira sa force... et sa vieille querelle du tribunal peut lui revenir à l'esprit... A votre place...

LE ROI.

Que feriez-vous?

FURSTEMBERG.

Si j'étais roi!... un roi peut tout ce qu'il veut.

LE ROI.

Comment?

FURSTEMBERG.

Vous m'avez recommandé dans votre dernière lettre de surveiller Ango. J'ai obéi, sire, et je crois qu'il y a de la trahison ici.

LE ROI.

Sans aucun doute.

FURSTEMBERG, bas au Roi.

Pour vous servir, j'ai voulu pénétrer le mystère et je suis parvenu à me procurer une clef de cet arsenal.

LE ROI.

Donnez!... merci! Quelqu'un vient-il?

FURSTEMBERG.

Personne.

LE ROI, ouvrant la porte, qui laisse voir un oratoire, où prie, agenouillée, une femme vêtue avec richesse.

Une femme!

FURSTEMBERG.

Ah ! c'est elle ! entrez, entrez, je ferai le guet !... vite ! vite ! (Il sort et le roi se tient à l'écart.)

SCÈNE III.

LE ROI, MARIE.

MARIE, dans l'oratoire : elle s'est levée au bruit.

Qui est là ?... personne ne répond... (Elle avance un peu.) Est-ce toi, Gallies ?... (Elle avance toujours.) Est-ce vous ?... (Elle voit le roi.) Le roi !.. ô mon Dieu ! sauvez-moi, sauvez-moi, je suis perdue ! (Elle veut rentrer.)

LE ROI, la retenant.

Me fuir ainsi... déjà... quand, après deux mois, je vous retrouve enfin ?... Oh ! non, non ! Marie... vous m'aviez oublié, vous, n'est-ce pas ?... mais moi... depuis deux mois je vous pleure... depuis deux mois je vous appelle, je vous cherche... O Marie, ma belle, mon adorée Marie ! (Il veut la prendre dans ses bras.)

MARIE se dégage, et recule.

Ne me touchez pas, sire, ne m'approchez pas !... Vous n'êtes plus à Chambord, vous êtes ici à Varengeville. Ango règne ici et non pas vous... je suis sa prisonnière, je ne suis plus votre maîtresse.

LE ROI.

Oh ! mais vous êtes mille fois plus intéressante et plus belle... Sa prisonnière, oui... et à cause de moi, car le crime est à moi, à moi seul... aussi je vous délivrerai, je vous sauverai, entendez-vous, je le veux, je le veux.

MARIE.

Il n'y a qu'une voix dans ce palais qui puisse dire : je le

veux, et cette voix n'est pas la vôtre, sire. Ici personne ne vous obéirait.

LE ROI.

Marie !

MARIE.

Oh ! retirez-vous, monseigneur ! je vous en conjure, plus un mot, plus un regard. Voulez-vous que je meure, dites ?... Serez-vous donc sans pitié pour votre victime ?

LE ROI.

Mais c'est parce que je suis plein d'amour et de pitié pour toi, pauvre femme, c'est parce que je ne veux pas que tu meures, qu'il faut que je te sauve, que je t'enlève d'ici.

MARIE.

Ango allait me pardonner, vous dis-je ! Ce matin il m'a envoyé cette parure, il m'a fait dire de me préparer pour une fête, à moi, qui, depuis mon retour, étais restée cachée à tous les yeux. Je l'attendais.... je l'attends toujours... il va venir... et tout à l'heure, quand cette porte s'est ouverte, j'ai cru que c'était lui. Oh ! ne me regardez pas ainsi, monseigneur, laissez-moi dans mon repentir, ne m'enlevez pas l'espoir de fléchir cet homme si bon, si généreux... Non, non, plus rien entre le roi et la pauvre Marie.

LE ROI.

Et tu crois qu'il allait te pardonner, insensée, tu ne vois pas qu'il te faisait venir à sa fête, parce que toute la ville sait que tu es revenue à Dieppe après la mort de ta tante ; parce que, si tu ne paraissais pas à cette fête, mille regards, après s'être portés sur ta chaise vide, iraient demander à Ango ce qu'il a fait de sa femme. Mais ce soir, entends-tu, ce soir, dépouillée de ta belle parure, reprenant ton linceul de recluse, tu serais retournée te coucher jusqu'à la mort dans le tombeau que mon amour t'a creusé.

MARIE, avec effroi.

O mon Dieu !

LE ROI.

Ton mari ne te pardonnera jamais : et tu veux que moi, quand je puis empêcher cette porte que je viens d'ouvrir de retomber sur toi comme le couvercle d'un cercueil, je t'abandonne ici, en lâche, je te rejette sans défense aux mains de ton juge inexorable. Foi de gentilhomme, cela ne sera pas ; par ma couronne, non, cela ne sera pas !

MARIE, immobile.

Point de grâce à espérer, mon Dieu !... Attendre la mort, là, dans cette tour triste et sombre !

LE ROI.

Non, te dis-je, confie-toi à ton roi, à ton ami, à ton amant ! Cette nuit après la fête... à minuit... je serai là... dans une barque.

MARIE.

Non, jamais !... jamais !... plutôt mourir... laissez-moi, laissez-moi !

LE ROI, lui prenant la main.

Vous ne m'avez donc jamais aimé, madame ? et pourtant, que vois-je !... cette bague... c'est la mienne !... Elle est restée à ton doigt, Marie, oh ! c'est que tu m'aimes toujours, c'est que tu te souviens de moi. Tu me laisseras te sauver alors. (Bruit.) Vite ! oh ! parle-moi vite !

MARIE.

Que faire ?... que lui dire ?

LE ROI.

Vous ne répondez pas... Eh bien, j'attendrai ici votre mari...

MARIE.

Du bruit !... on vient, on vient ! mon Dieu !... Fuyez, sire, ou vous êtes perdu.

LE ROI.

J'attendrai, vous dis-je.

MARIE.

Eh bien!...

LE ROI.

Vous consentez !... à minuit, en bateau, au pied de la tour... une échelle de soie... vous m'attendrez, dites, dites, ou je reste!

MARIE.

Eh bien... (Elle fait un signe de consentement.) Oh! retirez-vous, qu'il ne vous voie pas ici!

LE ROI, s'enfuyant, à Marie.

A minuit.

MARIE.

Qu'ai-je fait, mon Dieu?

(Elle veut rentrer dans l'oratoire. Ango en sort avec Furstemberg qui reste sur le seuil, le poignard d'Ango à la main.)

SCÈNE IV.

MARIE, ANGO, FURSTEMBERG.

ANGO, en costume magnifique, ayant la gaîne vide de son poignard. Il prend brusquement sa femme par la main et la conduit de l'autre côté du théâtre, où il la fait asseoir dans un fauteuil.

Vous y serez, madame. (A Furstemberg.) Comte de Furstemberg (Furstemberg s'approche), la similitude de nos maux a établi pleine confiance entre nous : vous m'avez ouvert votre cœur, et vous avez lu dans le mien; vous avez appris mes secrets, et vous m'avez dit les vôtres... nous nous sommes communiqué notre haine, nos projets de vengeance contre le même homme, mais je ne vous ai pas demandé ce que vous aviez fait de votre femme adultère. (A Marie qui veut se lever.) Restez et écoutez !... (Au Comte.) Qu'en avez-vous fait?

FURSTEMBERG.

Elle est morte...

ANGO, à Marie.

Priez Dieu, madame !

MARIE, à part.

Je suis perdue...

ANGO.

Morte !... Et comment ?

FURSTEMBERG, lentement.

J'avais surpris un rendez-vous entre elle et le roi, je les aurais tués tous deux... mais elle prévint ma vengeance... avec une bague mexicaine qui me venait de l'empereur... et qu'elle a donnée en mourant à son royal amant.

MARIE, à part, vivement, regardant sa main.

Le roi m'en a donné une aussi, à moi, en échange de la mienne.

FURSTEMBERG, lentement.

Dans cette bague à chaton de diamant...

MARIE, à part, regardant sa bague.

Serait-ce la même, mon Dieu ?

FURSTEMBERG, lentement.

Il y avait du poison...

MARIE, à part, ouvrant le chaton de sa bague.

Il en reste.., ah !

FURSTEMBERG.

Un poison terrible qui a fait justice de l'adultère !

MARIE.

Un poison terrible !

ANGO.

Vous avez entendu... justice a été faite de l'adultère.

MARIE, à part.

Justice sera faite. (Elle veut rentrer dans l'oratoire.)

ANGO.

Restez encore, madame!... Je reçois à ma table sa majesté le roi de France; ne devez-vous pas partager cet honneur? mais à ma droite, madame... à côté de moi... toujours... et pas un mot! pas un signe!... ou je vous tue l'un et l'autre... je le jure par ma mère... Et maintenant, Comte, rendez-moi mon poignard!

(Il reprend son poignard.)

FURSTEMBERG.

Le roi a des soupçons... prenez garde!

ANGO.

Mon visage sera comme ma volonté, comte de Furstemberg, inflexible! (A deux pages qui entrent.) Ouvrez!

(Sur l'ordre d'Ango, les rideaux s'ouvrent et la fresque du fond ayant disparu, laisse voir aux spectateurs la continuation la plus magnifique possible de la galerie. Des tables couvertes d'or et d'argent. Des girandoles répandant des flots de lumière.)

SCÈNE V.

(LA FÊTE.)

LES PRÉCÉDENS, LE ROI et sa suite, ARTISTES, les HÉRAUTS, les NOTABLES et ÉCHEVINS DE DIEPPE, GALLIES, MATELOTS, GARDES DU ROI, GARDES D'ANGO.

(A l'aspect du roi, commence le chœur qui continue pendant que tout le monde se place à table.)

(BALLET DE MATELOTS.)

LE ROI, après le ballet.

Maintenant, messieurs, je porte la santé de notre hôte magnifique; il nous a donné une fête royale.

ANGO, à part, surveillant toujours sa femme et le roi.

Qui ne coûte rien au peuple.

LE ROI, se levant de table.

A l'éternelle prospérité d'Ango ! (Il boit.)

TOUS.

A l'éternelle prospérité d'Ango !

(Ils boivent. Tout le monde, excepté Marie, quitte les tables et redescend la scène.)

ANGO, à part.

Il est bien impatient... (A Gallies.) Va te mettre dans ta barque à la descente de la tour de l'Est... La marée bat les murs du château... quelqu'un te demandera le passage, tu obéiras sans mot dire ; puis tu attacheras ta barque au pied de la tour et tu attendras... Silence !

GALLIES, à part.

Qu'est-ce que cela signifie? N'importe! Ango l'ordonne, j'obéirai. (Il sort.)

LE ROI, à Ango, indiquant Marie, restée seule à la table.)

Notre aimable châtelaine n'ouvrira-t-elle point le bal avec nous?

ANGO, vivement.

Pardonnez-moi, sire!... (Allant précipitamment à Marie. Votre main, madame!...

LE ROI, prenant la main d'une dame et remontant la scène, bas à Marie.

Après le premier quadrille je quitterai le bal.

ANGO, à Marie.

Quand il quittera le bal nous le quitterons aussi... En attendant, songez que je veille sur vous deux, mon poignard à la main!

(Le chœur reprend. Tout le monde suit Ango et le roi au bal.)

FIN DU QUATRIÈME ACTE.

ACTE V.

Une chambre à coucher du château de Varengeville. Au fond de la scène un lit dont les rideaux sont fermés... Une lampe allumée derrière les rideaux... A côté du lit une fenêtre, portes à droite et à gauche, une table chargée d'armes de toute sorte. Il fait nuit.

SCÈNE PREMIÈRE.

ANGO, seul.

(En costume de matelot, de même qu'au premier acte. Assis sur un canapé et prêtant l'oreille à la musique du bal qui se fait entendre.)

Ils dansent encore là-bas!... Dansez, courtisans, bientôt vous serez tous en deuil... dix minutes à attendre... Allons, heure fatale, avance, avance! car l'attente fait bouillonner si fort tout mon sang que j'ai peur de mourir avant d'être vengé... Tout est prêt, la barque là-bas, les armes ici... oh! s'il ne fallait que vouloir pour attirer cet homme! ma volonté l'aurait déjà amené entre mes mains. Mon Dieu! mon Dieu!... vous savez si j'avais pardonné d'abord, mais ils sont venus me renouveler l'injure en face, me déshonorer chez moi... elle que j'avais tant aimée, mon Dieu!... Oh! parce qu'il s'est trouvé sur notre chemin, un infâme tout-puissant. parce que nous nous sommes heurtés en passant à un trône, il a fallu que notre honneur fût flétri, notre amour souillé, tout notre bonheur anéanti. Il faut que je pleure du sang sur elle et sur moi... que je maudisse le jour où je t'ai vue pour la première fois, Marie... Mais il ne faut pas qu'Ango s'attendrisse et pleure! (Il se lève.) Oh! qui que tu sois, esprit du ciel ou de l'enfer, qui as jeté dans mon cerveau la pensée de l'œuvre que je viens accomplir ici, ne te retire pas de moi, ranime mes forces qui s'éteignent, réchauffe mon sang qui se glace, arrête dans mes yeux ces larmes que je sens prêtes à les inonder. (Minuit sonne.) Minuit enfin! minuit, et il ne vient pas! Pourquoi ce retard?... la fenêtre est fermée, ouvrons-la pour faire voir qu'on a été exact au rendez-vous. (Il va ouvrir la fenêtre. Coup de tonnerre précédé d'un éclair.) Il n'aura pas osé se fier à une barque par une nuit d'orage... Oh! s'il ne l'avait pas encore possédée, il serait venu déjà malgré la tempête; mais, comme tous les amans heureux, il se fait désirer... il ne viendra pas peut-être; il aura oublié cette femme pour une autre; il est retourné au bal à d'autres amours, tandis que j'ai la folie de l'attendre... Oh! je l'irai chercher moi-même, s'il le faut! je l'irai frapper à la place du cœur au milieu de ses courtisans... En être venu là, mon Dieu, à n'avoir plus dans le cœur qu'amertume et que haine! à ne pouvoir plus rien aimer sur la terre!... à ne vivre que pour ce mot honneur à venger! ... et qui donc s'inquiète de mon honneur? A qui profitera ma vengeance? Les autres hommes ont une famille... il faut qu'ils se conservent dignes de leur famille... Mais moi!... vous m'avez tout ôté, mon Dieu! Après moi, mon nom retournera dans la néant d'où vous me l'aviez fait tirer; et quelque jour, sans doute, on se demandera s'il est bien vrai qu'un homme du nom d'Ango ait jamais existé... Oh! non, personne ne s'intéresse à mon injure... Du bruit! (Il retourne à la fenêtre.) Oh! cette fois, c'est lui! son amant... Allons, allons, plus de larmes, du sang... (Tonnerre et vent.) O ciel! protégez sa barque... Le voilà arrivé, Dieu merci!... il sort de la barque... Bien! bien!... il prépare son échelle de corde...

(On entend le bruit d'un grapin qui tombe dans la chambre par la fenêtre.) Bien jeté! il faut la lui attacher maintenant de peur qu'elle ne rompe. (Il attache l'échelle.) Elle est solide... il peut monter... il monte... la vie du monarque ne tient plus qu'à un fil; eh! si je tranchais ce fil d'un coup de poignard! Mais non, il ne faut pas que le roi-chevalier manque à son rendez-vous.

SCÈNE II.

ANGO, LE ROI.

LE ROI, sautant dans la chambre.

Me voici donc arrivé, et ce n'est pas sans peine.

ANGO, coupant l'échelle de corde, à part.

Toute retraite est impossible.

LE ROI, tâtonnant.

Je n'y vois goutte... Marie!

ANGO, à part.

Je le tiens.

LE ROI.

Marie! Marie! n'êtes-vous point ici?

ANGO.

Elle y est depuis long-temps!...

LE ROI.

Qui va là?...

ANGO.

Elle y est depuis long-temps, te dis-je! Car il est plus de minuit... viens donc la réveiller. Vois! elle s'est endormie à t'attendre.

(Il entraîne le roi vers le lit, tire les rideaux et montre le corps de Marie étendu sans vie.)

LE ROI, reculant.

Morte!

ANGO.

Morte! elle s'est tuée!

LE ROI.

Horreur!

ANGO.

Et maintenant, maintenant c'est à ton tour de mourir.

LE ROI.

Qui donc es-tu, pour me menacer ainsi?

ANGO.

Je suis ton hôte, ton ennemi, ton fou, que sais-je?.. je suis le mari de cette femme dont tu es l'amant; mais je vais être ton meurtrier.

LE ROI.

Malheureux, vous oseriez... votre roi!

ANGO.

Mon roi! Ne vous ai-je pas reçu dans ma maison avec honneur et respect? Sa majesté ne dansait-elle pas tout à l'heure au bal de son sujet de Dieppe, parmi tous les notables de la ville, au milieu des hommages, en pleine sécurité près de ses gardes et de ses courtisans? Pourquoi François Ier est-il entré la nuit par la fenêtre dans la chambre d'Ango, comme un voleur ou un assassin?... Cette chambre est l'antre du lion, sire, malheur à ceux qui s'y aventurent! Il n'y a ici ni sujet ni roi; il y a deux hommes qui vont se battre à armes égales, pour la même femme.

LE ROI.

Un duel pour une femme morte!

ANGO.

Ah! elle ne vaut plus la peine que tu te battes pour elle, maintenat qu'elle est morte à cause de toi, morte par toi; car c'est toi qui l'as tuée.

LE ROI.

Moi!

ANGO.

Car elle s'est empoisonnée avec une bague, un cadeau de ton amour, avec cette bague qui avait déjà servi une fois à Madrid, comprends-tu ?..

LE ROI.

O ciel !

ANGO.

Deux femmes mortes, il ne se bat pas pour si peu ! Qu'est-ce, en effet, qu'une femme morte, pour un roi ? hochet brisé pour un enfant.

LE ROI, à part.

Je ne sais ce que j'éprouve ici.

ANGO, se dirigeant vers Marie.

Femme, qui as été toute ma joie et toute ma douleur à moi sur la terre, j'aurais voulu pour toute vengeance te faire entendre les paroles du roi, te faire comprendre pour quel homme tu m'as trahi.

LE ROI.

L'air que j'y respire m'étouffe; à tout prix il faut en sortir... (Allant à la fenêtre et voyant que l'échelle de corde est coupée.) Malédiction.

ANGO, revenant au roi.

Toute retraite est impossible... A nous deux maintenant.

LE ROI.

Arrière, arrière, te dis-je.... je ne puis me mesurer avec un matelot.

ANGO.

Le matelot Ango a bloqué un sire dans sa capitale pour un vaisseau brûlé... et pour tout mon honneur, mon bonheur flétri, perdu, je ne te tuerais pas, toi, majesté que je tiens dans les quatre murs de ma maison !

LE ROI.

Je ne me battrai pas ; j'ai fait mes preuves ailleurs qu'ici ! je ne me battrai pas.

ANGO.

Tu ne te battras pas. (Allant sur le roi son poignard à la main.) Eh bien !...

LE ROI, avec frayeur, vivement.

Une épée !... une épée !...

ANGO.

Ah ! merci ! je ne serai pas forcé de t'assassiner ! (Il va prendre deux épées sur la table.) Le combat est loyal... voici des armes égales... Un cadavre pour mon témoin, pour le tien un remords !

LE ROI.

Ah ! oui, un remords !... Je frémis, et ce n'est pas de peur pourtant ! (Il prend l'épée qui tremble dans sa main.) Ce crime... cette femme !

ANGO.

Défends-toi, défends-toi donc !

LE ROI.

Un remords !... Cela est horrible.... je ne puis.....
(Il chancelle.)

ANGO.

Il fuit, il fuit, le lâche !

LE ROI.

A moi !... Ah ! (Il tombe évanoui.)

ANGO.

Tombé ! Il sait bien qu'on ne frappe pas un ennemi à terre ; cette arme est inutile. (Il jette son épée.) Oui, tu es brave, tu as fait tes preuves dans les tournois, dans les batailles, devant les dames et les héros, lorsque le soleil chauffe, que la trompette sonne, que les femmes applaudissent ou que cent mille hommes armés crient, pour toi

Montjoie et Saint-Denis! tu es brave avec une armée, mais ici, seul à seul, sans clairon, sans cuirasse, sans merci, lâche! lâche! entends-tu!... Je lui mets l'injure à l'oreille et l'oreille est sourde, le pied sur le cœur et le cœur ne bat pas! Allons, allons!... tout est perdu, même l'honneur!!! Au moins que ce coup d'arquebuse soit le signal de sa honte! et que sa honte soit ma vengeance... que l'explosion appelle tous les courtisans à ce spectacle du courage royal!... (Il va à la fenêtre.) Qu'ils viennent voir leur roi évanoui. (Il tire son coup d'arquebuse. La musique du bal cesse.) C'est le second auquel le matelot fait grâce! (Très haut en ouvrant toutes les portes.) Par ici, courtisans! venez vite au secours de votre maître!

SCÈNE III.

Les Mêmes, FURSTEMBERG, LÉONARD DE VINCI, AMBROISE PARÉ, Artistes, Courtisans, Domestiques portant des flambeaux.

FURSTEMBERG, entrant et apercevant le corps du roi.

Il l'a tué!

ANGO.

Venez relever votre grand roi François Ier, rendez-lui ses sens si vous pouvez; il a fallu du poison pour tuer cette femme, mais votre roi, je n'ai fait que le regarder en face, et il est tombé sans connaissance à mes pieds... Gloire au vainqueur de Marignan.

FURSTEMBERG, à part, sur un signe d'Ambroise Paré.

Fatalité! il n'était qu'évanoui.

ANGO.

Laissez-moi passer, courtisans.

FURSTEMBERG.

Qu'allez-vous faire?

ANGO, allant à Marie, lui retirant la bague mexicaine qu'elle a au doigt et la donnant à Furstemberg.

Vous connaissez cette bague... Moi, je vais mourir... (Se retournant l'épée à la main.) Laissez-moi passer, courtisans... (Il monte sur la fenêtre.) Gallies, Gallies, prie pour elle, prie pour moi! (Il se précipite par la fenêtre.)

FIN DU CINQUIÈME ACTE.

ÉPILOGUE.

Le théâtre représente la cour du château de Varengeville, illuminée et pavoisée pour la fête. Au fond du théâtre, la flotte illuminée et pavoisée, se réfléchissant dans la mer. Les matelots avec des torches, des drapeaux et des lauriers, sont rangés en bataille, ayant à leur tête le capitaine-amiral, vis-à-vis les habitans de Dieppe avec leurs notables. Au milieu de la scène un trophée élevé à la hâte, sur lequel est inscrit en lettres transparentes : *A Ango, sa flotte victorieuse.*

SCÈNE PREMIÈRE.

MATELOTS, LE CAPITAINE, NOTABLES, PEUPLE.

TOUS.

Vive Ango!... vive Ango! (Trois hérauts entrent.)

PREMIER HÉRAUT.

Au nom du roi, notre maître, qui me suit, ordre est donné à tous sujets fidèles de traiter Ango en coupable de lèse-majesté, de lui courir sus, et de le saisir mort ou vif partout où on le rencontrera. (Les hérauts sortent.)

LE MARCHAND NOTABLE, avec empressement.

Qu'est-ce que cela signifie?... Ango coupable de lèse-majesté. Nous devons obéir aux ordres du roi, notre maître. (Grande rumeur parmi les notables.)

LE CAPITAINE.

Nous ne reconnaissons qu'Ango pour notre maître ici.

SCÈNE II.

LES MÊMES, LE ROI, FURSTEMBERG, LÉONARD DE VINCI, ARTISTES, COURTISANS, GARDES descendant du château.

LES NOTABLES.

Vive le roi !

LES MATELOTS, étouffant la voix des notables.

Vive Ango !... vive Ango !

(Les matelots et les notables sont près d'en venir aux mains.)

SCÈNE III.

LES MÊMES, GALLIES.

GALLIES, dans sa barque, les vêtemens en désordre.

Ango est mort !

TOUS.

Mort !

GALLIES, avec désespoir.

Oui, mon maître, mon pauvre maître ! (Il saute de sa barque.) Il est là, étendu dans sa barque, comme je l'ai recueilli au bas de la grande tour du château !... Mais aidez-moi donc, s'il pouvait respirer encore... Venez vite... (Les matelots vont à la barque et en tirent le cadavre d'Ango, qu'ils déposent sur la scène au pied du trophée. Gallies s'agenouille auprès.) Mon maître, réveille-toi ! mon bon maître ! C'est moi, moi, Gallies, ton matelot, ton fidèle Gallies qui te parle... Mon ami, mon frère, réponds-moi ! Je t'appelle frère, et il ne me répond pas... (Au roi qui s'approche avec circonspection.) Ah ! vous pouvez vous en approcher maintenant, il est mort !...

LE ROI.

Qui donc l'a tué ?

GALLIES, fièrement.

Personne !... (Se dressant avec menace devant le roi.) Si quelqu'un l'avait tué !... (Retombant dans sa douleur.) Mais non, il est mort de la mort des matelots, et sans moi, hélas !... mort en mer, où il avait glorieusement vécu !... Honneur, honneur à Ango de Dieppe, la France a perdu son premier matelot !...

LE CAPITAINE.

C'est lui qui m'a confié sa flotte, c'est à lui que je dois remettre les drapeaux ennemis... S'il ne jouit pas vivant de son triomphe, qu'au moins l'étendard royal de Lisbonne lui serve de linceul !

(Il jette les drapeaux sur son corps, les matelots défilent autour du corps et jettent dessus des lauriers et des étendards. Tout le monde s'agenouille et se découvre, même le roi.)

FURSTEMBERG, au Roi.

Que Dieu veuille toujours vous sauver ainsi, majesté !

LÉONARD.

Quel est donc le grand homme ici, du roi ou du matelot?

CHŒUR.

FIN.

NOTES.

« Dans ces temps (1515) la marine de Dieppe était la plus instruite de l'univers. Un jeune homme de cette ville, nommé Ango, né d'un père *d'une aisance médiocre, pouvait reprocher à la fortune de ne pas avoir présidé à sa naissance ;* mais la Providence l'en avait bien dédommagé, puisqu'elle l'avait doué de cet esprit pénétrant et actif qui sert à acquérir des richesses dans la navigation et le commerce, et lui avait donné un cœur généreux, qui en sait ennoblir l'usage. Ango fut assez sage pour sentir que les grands biens ne pouvaient lui servir qu'à acquérir la reconnaissance de ses inférieurs, l'estime de ses égaux et les bonnes grâces de son roi; mais, soit qu'un homme ne puisse pas toujours être heureux, soit que l'esprit et la prudence d'Ango aient, dans sa vieillesse, participé à la déclinaison de ses forces, il y éprouva le mauvais sort que Jacques Cœur, le seul négociant du royaume à qui on puisse le comparer, avait essuyé avant lui.

« Ango ayant amassé une fortune considérable dans les voyages qu'il avait faits en Afrique et aux Grandes-Indes, comme officier et ensuite capitaine de vaisseau, prit le parti d'abandonner la mer, pour, à son tour, armer des navires qu'il envoya commercer sur les côtes d'Afrique et d'Asie. Son esprit s'étendit sur tous les objets qui pouvaient contribuer à l'augmentation de ses richesses. Outre son commerce immense, il prit à forfait les recettes des duchés de Longueville et d'Estouteville, des abbayes de Fécamp, de Saint-Wandville, de l'archevêché de Rouen.

« Toutes les entreprises d'Ango lui réussirent. En 1525, il fit bâtir un hôtel magnifique à l'emplacement que la congrégation de l'Oratoire occupe actuellement (1). Quelques années après, il fit l'acquisition de la terre de Varengeville-sur-Mer, et y fit bâtir le château dont une partie existe encore. Ce fameux négociant armait pour les Grandes-Indes et la côte d'Afrique dix-huit à vingt navires, qui lui apportaient des bénéfices immenses, et il jouissait de la plus grande fortune quand François Ier se transporta en Normandie pour passer en revue de nouvelles légions d'infanterie française que ce prince

(1) Maintenant le collége et la bibliothèque de la ville.

venait de créer. Ce roi voulut bien honorer Dieppe de sa présence cette année 1534.

« Ango était trop intelligent pour manquer l'occasion que la fortune lui présentait de mériter les faveur de son roi. François Ier aimait la magnificence, et Ango, le plus riche négociant de l'Europe, était en état de contenter le goût de son maître. Il se chargea seul de la réception de ce prince, et l'opulence qu'il y mit étonna les courtisans autant qu'elle plut à François Ier.

« Ango avait été instruit assez à temps pour faire venir les plus habiles architectes en décorations. Nulle dépense ne fut épargnée : arcs de triomphe, ameublemens superbes, vaisselle d'argent, vins exquis, enfin toutes les ressources de l'art et de la nature furent mises en œuvre.

« Ango eut l'honneur de recevoir son roi et les principaux seigneurs de sa cour dans son magnifique hôtel, dont les appartemens étaient décorés des plus belles tapisseries et des plus riches étoffes de son temps. On y voyait en beaucoup d'endroits des chiffres et des tableaux qui exprimaient les grandes actions de François Ier. Ango fit servir ce prince et ses courtisans avec toute l'élégance la plus somptueuse : La belle gravure et le bon goût de sa vaisselle d'argent, les vins et les mets recherchés surprirent merveilleusement le roi et toute sa cour.

« Ce riche négociant avait fait construire six petits bateaux légers, qu'il avait fait sculpter et dorer dans toute leur longueur supérieure au niveau de l'eau. François Ier, ainsi que les seigneurs de sa suite et les officiers de sa maison s'y embarquèrent à différens jours, et furent se promener à deux et trois lieues sur la mer. Ce prince fut si satisfait d'une réception aussi digne de lui que de son goût élégant, qu'il donna à Ango la place de commandant de la ville et du château, qui venait de vaquer par la mort du sieur de Mauroy.

« Les Dieppois alors naviguaient seuls dans les Indes avec les Portugais. Ces derniers, jaloux de cette concurrence de commerce dans ces parages inconnus au reste de l'Europe, firent quelques insultes à leurs vaisseaux, qui les en firent souvent repentir ; entre autres, sept vaisseaux portugais ayant attaqué six des Dieppois, furent battus, par ces derniers, de façon que trois des sept Portugais se trouvèrent hors d'état de revenir en Europe. Mais, quelque temps après, trois navires de Portugal en ayant rencontré un de Dieppe sur la côte d'Afrique voulurent lui faire baisser son pavillon ; le capitaine voulut en soutenir l'honneur et se battit avec intrépidité ; il périt dans le combat, ainsi que les quatre cinquièmes de son équipage, et les Portugais se rendirent les maîtres de ce navire qu'ils conduisirent à Lisbonne.

« Ce navire appartenait à Ango. L'indignation d'un pareil procédé en temps de paix, et la résolution d'en tirer vengeance firent naître dans son âme une résolution qui s'effectua rapidement. Cet armateur savait que la plus grande partie des vaisseaux de Portugal était alors dans les Indes; il fit donc équiper dix grands navires, qui étaient dans le port, auxquels il joignit six à sept de moindre grandeur. Il fit monter sur ces navires, outre leur équipage ordinaire, le plus de volontaires et de gens de résolution qu'il put trouver et les envoya bloquer le port de Lisbonne, avec ordre de faire des descentes sur les rives du Tage et d'y détruire toutes les habitations.

« Ango mettait sa vengeance en mains intéressées à sa querelle. Les Dieppois, dont le cœur était exalté par leurs succès maritimes, avaient, dans le cas présent, à réprimer les Portugais, qui s'opposaient à leur navigation dans la mer des Indes, où ils n'avaient pas plus droit qu'eux-mêmes, et ils avaient encore à venger la mort de leurs camarades et la prise d'un de leurs navires au préjudice du droit des gens.

« Cette escadre, parvenue à l'embouchure du Tage, s'empara de tous les navires portugais qui sortirent ou voulurent entrer dans Lisbonne; elle mit à terre les volontaires et les gens de résolution qui pillèrent, dévastèrent et brûlèrent les villages à proximité du rivage, et remontèrent, après ces ravages, dans leurs vaisseaux, pour en faire autant d'un autre côté; de sorte que les troupes portugaises, qu'on envoya pour s'y opposer, ne purent y réussir, vu la célérité des attaques des premiers et l'ignorance de l'endroit où ils les dirigeaient.

« Cette guerre offensive, à laquelle le roi de Portugal ne s'était pas attendu, mit en alarme Lisbonne, ainsi que ses environs. Ce prince ne vit pas d'autre parti à prendre, pour en arrêter le cours, que d'envoyer un député extraordinaire à François Ier pour se plaindre de cette hostilité en temps de paix.

« Le roi de France eut la générosité d'envoyer à Dieppe ce député pour s'aboucher avec Ango. Ce dernier sentit toute la bonté de son roi, et n'en fit usage que pour la gloire de ce prince. Il reçut chez lui le député portugais avec sa magnificence ordinaire, le félicita de ce qu'il avait pu obtenir *si facilement de François Ier, le pardon de l'insulte faite à son pavillon, et ce, sur la simple promesse de Portugais, d'être plus circonspects à l'avenir.* Il lui ajouta, qu'en conséquence il allait expédier un bon voilier, pour porter l'ordre du roi à ses vaisseaux de quitter le Tage et de revenir à Dieppe: ce qui fut exécuté.

« On put dire, dans le seizième siècle, qu'Ango ne devait sa fortune qu'au règne de François Ier; car dès que ce prince ne fut plus, le riche négociant fit des pertes considérables, que la vieillesse, exclusive de l'activité, ne lui permit pas de réparer. Cet homme, qui n'avait jusque-là connu que le bonheur, ne put se mettre au-dessus de l'adversité: son caractère en contracta une aigreur dans le commencement, qui déplut à ses concitoyens; enfin, oubliant qu'il avait été leur égal, il abusa de son autorité, jusqu'au point de frapper, dans une assemblée de l'hôtel-de-ville, un des échevins, parce qu'il n'était pas de son avis. Cet indigne procédé indisposa les bourgeois; cet échevin en demanda la réparation, et Ango fut condamné à des intérêts et à une amende humiliante. Cette mortification, ainsi que le mépris qu'on lui témoignait en toutes occasions, déterminèrent ce vieillard à aller finir ses jours, trop longs pour sa gloire, dans son château de Varengeville. »

(*Mémoires chronologiques pour servir à l'histoire de Dieppe*, par l'abbé Desmarquets, édition de 1785, tome 1er, pages 104 et suiv.)

Ce livre, exact ou non, est à peu près le seu que l'on connaisse sur l'histoire de Dieppe. Le bombardement de 1694 a détruit tous les matériaux qui auraient pu servir un jour à rendre cette histoire plus complète. C'est dans le livre de l'abbé Desmarquets que M. Vitet aura puisé sans doute les renseignemens que son ouvrage donne sur Ango. Il les aura probablement augmentés des savantes et aimables co municalions que M. Feret, le bibliothécaire de la ville de Di homme plein de conscience et d'érudition, a bien voulu fa comme à nous. M. Feret lui aura dit, comme à nous, que les traditions ne sont pas d'accord sur l'origine d'Ango; que les unes le font fils d'un négociant assez riche, les autres orphelin d'un pauvre matelot. Dans une spirituelle notice sur Ango, insérée par M. Feret dans les *archives de Normandie*, M. Vitet aura trouvé, comme nous, des détails d'historien et d'artiste, concernant l'architecture et la décoration des deux palais d'Ango à Dieppe et à Varengeville. C'est par cette notice que nous a été révélé le sujet de la fresque, aujourd'hui toute effacée, peinte jadis dans la galerie d'été du manoir de Varengeville. Elle représentait la dernière scène de l'acte 3e de notre drame.

Quant à la couleur historique et à la connaissance du matelot dieppois tel qu'il était au seizième siècle, et tel que notre ami Guyon l'a si parfaitement compris, c'est aux patriotiques études de M. Estancelin que nous devons d'en savoir quelque chose. Les marins dieppois, si terribles dans le combat, si passionnés dans leurs haines et dans leurs vengeances, que depuis long-temps déjà l'histoire les désignait par l'énergique épithète *feroces incolæ*; les marins dieppois donnèrent, bientôt après la conquête de l'Amérique, naissance à ces intrépides flibustiers, que la Providence semble avoir fait surgir, dit M. Estancelin, comme instrumens de ses vengeances et pour punir de leurs crimes les conquérans du Nouveau-Monde. Les flibustiers dieppois furent célèbres pour leur héroïsme et leur générosité. Le temps n'a point altéré ce noble caractère; il est resté le même. On observe aujourd'hui chez les marins dieppois des vertus antiques que rien n'a pu changer. Le marin dieppois, au sortir du berceau, devient le compagnon de son père, qui l'associe à ses périls journaliers. Il apprend de lui le courage et le sang-froid; il apprend de lui à connaître, à adorer et à craindre Dieu, dont l'invocation commence et finit toutes ses actions. Il apprend, par une subordination inflexible, à reconnaître et à respecter toutes les supériorités sociales, surtout celles du talent et de l'âge. Telle est l'éducation morale et religieuse que reçoit le marin dieppois, source de cette droiture, de cette simplesse de cœur qui le distinguent d'une si admirable façon.

Il n'appartient qu'à l'organisation si pure, si impressionnable et si tendre de M. Guyon, de rendre vivant ce portrait du marin dieppois, esquissé par M. Estancelin avec tant de douceur et de charme.

La critique s'est montrée pleine d'indulgence pour les modifications auxquelles les besoins du drame nous ont fait soumettre les événemens et le personnage historiques. Le talent immense de Bocage aura trouvé grâce pour nous; comment oser blâmer un rôle si admirablement joué? Mais la critique a repris sa large revanche, en attaquant avec dureté, avec cruauté même, tout ce qui, dans les cinq actes d'*Ango*, constitue à ses yeux le délit d'outrage envers la noble et majestueuse mémoire de François Ier. Entre autres choses sanglantes, elle nous a jeté un démenti au visage, parce que nous avons fait nier par Ango la prétendue lettre de François Ier à madame d'Angoulême, après la défaite de Pavie; cette lettre, admirable fiction, chef-d'œuvre de laconisme et de fierté : — *Madame, tout est perdu, fors l'honneur!*

Voici la véritable lettre :

Pour vous advertir comment se porte le ressort de mon infor-; de toutes choses ne m'est demeuré que l'honneur et la vie,

« qui est sauve ; et pour ce que, en notre adversité, cette nouvelle « vous fera quelque peu de rescomfort, j'ai prié qu'on me laissa vous « escripre ces lettres, ce qu'on m'a agréablement accordé ; vous « suppliant ne volloir prendre l'extremité de vous meismes, en « usant de vostre accoustumée prudence ; car j'ay espoir en la fin « que Dieu ne m'abandonnera point ; vous recommandant vos pe- « tits enfans et les mieus ; vous suppliant faire donner seur passage « et le retour en Espagne à ce porteur, qui va vers l'empereur pour « savoir comme il faudra que je sois traicté. Et sur ce très humble- « ment me recommande à vostre bonne grâce. Vostre humble et « obéissant fils, FRANÇOIS. »

(*Chronique manuscrite*, par Nicaise Ladam, roi d'armes de l'empereur Charles-Quint, pag. 191.)

(*Registres manuscrits du parlement*, 1[?] novembre 1525.)

Certainement le *tout est perdu fors l'honneur* vaut mieux que cette lettre, conçue à peu près comme un conscrit de première année en écrirait à sa mère ; mais cette lettre existe et le *tout est perdu* n'existe pas.

La critique nous a violemment tancés ensuite sur le fait d'avoir au cinquième acte montré le vainqueur de Marignan incertain, terrifié, tremblant, lorsqu'au lieu d'une maîtresse aimée qui l'attendait il trouve une femme empoisonnée, morte, et gardée par un mari furieux qui veut le tuer avant de mourir à son tour. La critique a soutenu, à cet égard, que jamais François Ier n'a baissé le front, même dans les plus grandes crises de sa vie. Nous répondrons, en ouvrant de nouveau les *registres manuscrits du parlement*, et en y trouvant à la même date du 10 novembre 1525, une autre lettre du roi de France à Charles-Quint, trop longue pour être rapportée tout entière, mais dont voici un passage :

« Pourquoy s'il vous plaist avoir *ceste honneste pitié*, et moyenner « la seureté que mérite la prison d'un roy de France, lequel on veut « rendre ami et non désespéré, vous pouvez faire un acquest au lieu « d'un prisonnier inutile, *de rendre un roy à jamais votre es- « clave ?* »

Se peut-il quelque chose de plus humble et de plus lâche ? Bayle, à la page 932, dit de François Ier : *La fermeté de son courage fut sujette à des éclipses ; elle ne le soutint pas assez dans les rigueurs de sa prison. Il y pensa mourir de chagrin, et il témoigna un peu trop de peur en rentrant en France.* Le même auteur cite alors Mézeray qui raconte que le roi à son retour, *sitôt sur la rive de deçà, monta promptement sur un cheval turc, comme s'il eût eu peur de quelque embûche, et piqua à Saint-Jean-de-Luz, qui est à quatre lieues de là, où s'étant rafraîchi une demi-heure, il alla avec pareille diligence à Bayonne.* La critique nous passe l'aimable libertinage du roi-chevalier ; mais elle nous conteste sa cruauté envers les hérétiques, les *protestans*, comme on commençait à dire dans ce temps-là ! Démentez donc Théodore de Bèze, de Thou, et Félibien qui apportent ces terribles paroles de François Ier, répétées depuis par Philippe II : « *Si un de mes membres étoit infecté d'hérésie, je ne « balancerois pas à le faire couper ; si mes propres enfans s'écar- « toient de la voie catholique, je serois le premier à les immoler !* ! » Démentez donc Henri Estienne dans son apologie pour Hér ch. 40, t. III, page 431, quand il demande : « Que dira la

« quand elle entendra parler d'une *chambre ardente* qui siége dans « le palais du roi? On persuadoit au frère d'accuser le frère, à la « femme d'accuser son mari, au mari d'accuser sa femme. Les pères « et les mères étoient induits à déférer leurs propres enfans, voire à « leur servir de bourreaux, à faute d'autres. Ceux qui étoient appelés « *inquisiteurs* avoient leurs espions de tous côtés, auxquels ils « donnoient le mot du guet. Les témoins ne pouvoient être récusés, « quelque voleurs, quelque meurtriers qu'ils fussent. On promettoit « la foi aux accusés pour les faire venir; mais on estimoit péché de « leur garder la foi promise, en alléguant ce beau texte : *Hæreticis « fides non servanda.* Aucuns, avant que de venir entre les mains « du bourreau, n'avoient plus que demi-vie, sortant des basses-« fosses, où ils avoient été combattus par les crapauds et autres « bestes, et *quelquefois en sortoient vieux ceux qui y étoient entrés « jeunes!* On permettoit aux personnes qui portoient des aumônes « aux prisonniers, d'en donner à tous, fors qu'à ceux qui y estoient « détenus pour le fait de la religion; et estoient en grand danger « ceux qui disoient en avoir pitié, etc., etc. »

A chacun selon ses œuvres. Les rois ont besoin d'être étudiés. Sous la dorure de leur réputation il y a de la boue bien souvent. On apprend mal l'histoire de France au collége, et si M. le Ragois fait de François Ier *le père des lettres* et le plus noble, le plus honnête roi de son temps; Mézeray, Sismondi et encore d'autres, plus sévères, mais plus justes, ont dit de lui que doué d'une figure belle et imposante, d'un extérieur généralement avantageux et que rehaussait la conscience du pouvoir, il avait de la gaîté, des saillies, un esprit léger, mais assez cultivé pour le temps, de la dignité dans les manières, du courage militaire, une dissipation effrénée et dans les affaires éclatantes une loyauté qui disparaissait assez volontiers dans d'autres circonstances. Voilà comme nous avons voulu montrer François Ier.

Avis. MM. les directeurs de province qui voudront monter la pièce avec les chœurs devront, pour en obtenir la parole et la musique, s'adresser au souffleur du théâtre de l'Ambigu-Comique.

www.ingramcontent.com/pod-product-compliance
Ingram Content Group UK Ltd.
Pitfield, Milton Keynes, MK11 3LW, UK
UKHW031915260826
14628UKWH00003B/1215